W0176380

Die echte Berliner Küche

Die echte Berliner Küche

Herausgegeben von Edmund Labonté
und Werner Köhler

Illustrationen von Eva-Maria Salm

BZ. Ullstein

Die Deutsche Bibliothek – CIP-Einheitsaufnahme
Die echte Berliner Küche/hrsg. von Werner Köhler und Edmund Labonté.
Ill. von Eva-Maria Salm. – Berlin: Ullstein, 1996
ISBN 3-550-06958-8
NE: Köhler, Werner [Hrsg.]

Umschlagentwurf: Volkmar Schwengle
Buch & Werbung
Foto: Stock Food Eising
Satz: LVD GmbH, Berlin
Lithos: Fa. Univers, Berlin
Druck und Bindung: Westermann Druck Zwickau
Printed in Germany 1996
ISBN 3-350-06958-8

Gedruckt auf alterungsbeständigem Papier
mit chlorfrei gebleichtem Zellstoff

Inhalt

VORWORT

Die Berliner Küche ist so vielfältig und spannend wie die Stadt und ihre Bewohner. Seit Urzeiten siedelten sich in und um Berlin Menschen verschiedenster Herkunft an, die alle ihre kulinarischen Vorlieben und Besonderheiten mitbrachten. Hugenotten, die zur Zeit der Französischen Revolution Frankreich verlassen mußten und in Preußen Asyl fanden, brachten den Berlinern, die sich, was Gemüse betraf, bis dato vorwiegend von Kohl und Rüben ernährt hatten, feinere Gemüse wie Erbsen, Blumenkohl, Gurken, Spargel und Bohnen mit und erweiterten so den Speiseplan. Und schon bald wuchsen in den vielen Kleingärten der Vorstädte, die das beginnende 18. Jahrhundert hervorbrachte, diese exotischen Gemüse und gehörten fortan wie selbstverständlich zu den Grundzutaten der Berliner Küche.

Friedrich II. ordnete im Jahre 1750 die Aussaat von Kartoffeln an, um seinen Untertanen einen Ersatz für das knapp werdende Brot zu schaffen. Nach anfänglicher Skepsis – wie sollte aus den seltsamen Knollen eine schmackhafte Frucht werden? – trat die Kartoffel ihren Siegeszug an und war schon bald aus der Berliner Küche nicht mehr wegzudenken. Vor allem in Zeiten der Not war es die Kartoffel, die zu immer neuen phantasievollen Kreationen anregte und viele Menschen vor dem Verhungern bewahrte.

Aber auch Pfälzer, Schweizer, Holländer, Russen, Schlesier und viele andere Zuwanderer brachten ihre Rezepte und Eßgewohnheiten in die Berliner Küchenkultur ein, und so entstand eine spannende Mischung unterschiedlichster Einflüsse.

Das fruchtbare Umland von Berlin, die Mark Brandenburg, diente den Berlinern über die Jahrhunderte als Speisekammer. Die vielen Flüsse und Seen lieferten Fische und Flußkrebse, das Rind- und Borstenvieh fand saftige Weidegründe und Getreide, Obst und Gemüse wuchsen auf den märkischen Fluren im Überfluß. Der unermüdliche Theodor Fontane hatte auf seinen Wanderungen durch die Mark stets einen Blick in die Töpfe seiner Zeitgenossen und ließ an vielen Stellen in seinen Reiseberichten, aber auch in seinen Romanen, »Lieblingsrezepte« einfließen, die er so der Nachwelt erhielt.

Die Berliner Küche ist keine Küche, die die Welt bewegt, aber eine, in der sich die

Welt bewegt. Sie ist keine Küche der Extravaganzen und des Luxus, sondern eine bodenständige, die sich auf zwei Grundpfeiler stützt: das reiche Umland und die vielen Einflüsse durch die Menschen aller Herren Länder.

Hier schließt sich der Kreis: Zehntausende Türken, Griechen, Italiener, Polen, Russen und andere Landsleute leben heute in Berlin und sind begeisterte Berliner geworden. Und das ist gut so: Was diese Neuankömmlinge der großen Mobilisierung unserer Welt an Kultur und auch an Eßkultur mit sich bringen, wird schon in wenigen Jahren zum festen Repertoire der Berliner Küche gehören.

Leserinnen und Leser der *BZ* haben die Rezepte für dieses Buch zusammengetragen. Es sind Gerichte, wie sie heute in Berliner Küchen gekocht werden, aber auch solche, die kurz davor stehen, vergessen zu werden. Gehen Sie mit diesem Buch auf eine kulinarische Entdeckungsreise und lernen Sie Berlin von ebendieser Seite kennen.

Guten Appetit!

VORSPEISEN & KLEINE HAPPEN

Berliner Salzgebäck

Zutaten *250 g geriebene Pellkartoffeln (am Vortag gekocht)*
250 g Weizenmehl
250 g Butter oder Margarine
Salz
Kümmel

Zubereitung Alle Zutaten gut vermengen und 24 Stunden kaltstellen. Teig ausrollen und Vierecke, Streifen oder ähnliches herstellen und mit einem Salz-Kümmel-Gemisch bestreuen. Bei 175 Grad etwa 30 Minuten im Backofen backen.
Guten Appetit!

Waltraud Schampe, Wilhelmshorst

Berliner Schusterjunge

Eine noch nicht vergessene Sitte der Kinder war es bis in die jüngste Vergangenheit, sich beim Bäcker eine Tüte Kuchenkrümel zu holen. Das war, gerade bei den Altberliner Gören, ein Ritual, das unseren Wohlstandskindern nie bekannt wurde. Die Kinder standen mit großen Augen vor den Auslagen der Bäcker und bekiekten die herrlichen Köstlichkeiten. Typisch Berlinerisches Gebäck waren und sind zum Teil heute noch Salzstangen, Luftbrezeln, Schrippen, Knüppel und eben die Schusterjungen. Der Name Schusterjunge wurde damals von den Kindern der Begüterten geprägt, da noch vor dem Krieg vier Schrippen einen Groschen kosteten, sechs Schusterjungen ebenfalls. Schusterjungen schmecken besonders gut mit Gänseschmalz und Harzer. Hier das Rezept für Schusterjungen zum Nachmachen. Es ist ganz einfach!

Zutaten
400 g Roggenmehl
200 g Weizenmehl
½ Tl Salz
35 g zerbröckelte Hefe
⅜ l lauwarmes Wasser
eine Prise Zucker

Zubereitung Beide gesiebten Mehlsorten in einer Schüssel zusammenmischen, Salz dazugeben. Die Hefe mit einer Prise Zucker in dem lauwarmen Wasser auflösen. In der Mehlmitte in einer Vertiefung das Hefestück anrühren und an einem warmen Ort zugedeckt auf das Doppelte gehen lassen. Danach alles zu einem Teig verkneten, der sich vom Schüsselboden lösen lassen muß. Zugedeckt nochmals gehen lassen. Teig formen und im vorgeheizten Ofen bei 220 Grad 20 Minuten ausbacken. In Roggenmehl wälzen und abkühlen lassen.
Frische Schusterjungen lassen sich hervorragend mit Hackepeter oder Tartar zum Bier reichen.

Wolfgang Urban, Berlin

Berliner Käsestippe

Zutaten
125 g durchwachsenen Speck
50 g Schweineschmalz
3 mittelgroße Zwiebeln
2 El Mehl
¼ l kräftige Fleischbrühe
¼ l Apfelsaft
200 g Limburger Käse
1–2 El Apfelessig
½ Tl Zucker
Salz
1 Tl gemahlener Kümmel
1 El gehackte Petersilie
1 El Schnittlauchröllchen

Zubereitung   Speck fein würfeln und langsam im heißen Schmalz auslassen. Speckgrieben herausnehmen und beiseite stellen. Zwiebeln schälen, würfeln und im Speckfett glasig dünsten. Mit Mehl bestäuben und unter Rühren goldbraun rösten. Langsam Fleischbrühe angießen, dann Apfelsaft hinzufügen. Sauce 10 Minuten köcheln lassen. Limburger Käse in kleine Würfel schneiden. Nach und nach in die Sauce einrühren, bis er geschmolzen ist. Erst jetzt mit Apfelessig, Zucker, Salz und Kümmel abschmecken. Speckgrieben zusammen mit Petersilie und Schnittlauch in die Sauce geben. Dazu heiße Pellkartoffeln und Essiggurken oder sauer eingelegten Kürbis reichen.

Eva-Maria Brückmann, Berlin

Strammer Max

Der Stramme Max, der in ganz Deutschland gerne als schnelle Mahlzeit gereicht wird, kommt ursprünglich aus Berlin. Typisch für die Berliner Variante ist, daß der rohe Schinken gewürfelt und nicht in Scheiben unter die Spiegeleier kommt.

Zutaten
1 Scheibe Graubrot pro Person
ca. 50 g roher, gewürfelter Schinken pro Person
2 Eier pro Person
Butter für die Brote und zum Braten der Eier
Salz
Pfeffer aus der Mühle
Schnittlauch zum Garnieren

Zubereitung Die Brote werden mit Butter bestrichen und mit dem gewürfelten Schinken belegt. Butter in einer Pfanne erhitzen und darin pro Person zwei Eier braten. Eier mit Salz und Pfeffer würzen und auf die Schinkenbrote legen. Mit fein geschnittenem Schnittlauch garnieren, eventuell eine Salzgurke oder Tomatenstücke dazu reichen.

Martin Gehlen, Berlin

Soleier mit zwei Saucen

Zutaten
20 Eier
Salz
Pfeffer
Senf
Essig
Öl
250 g gefüllte Oliven (grün)

Für die Kräutermayonnaise
4 El Mayonnaise
2 El Joghurt
1 Zwiebel
1 Gewürzgurke
1 eingelegte grüne Peperoni
1 El Kapern
2 El gehackte Kräuter (Schnittlauch, Petersilie, Dill, Kresse)
Salz
Zucker
Pfeffer
1 Schuß Essig

Für den Apfelketchup
2 säuerliche Äpfel
6 El Tomatenketchup
Salz
Zucker
Zitronensaft

Zubereitung Eier hart kochen, die Schale leicht anknicken. In zwei Liter Wasser nun soviel Salz geben, daß die Eier darin schwimmen. Mindestens 24 Stunden in der Sole stehen lassen. Dann servieren.

Und so ißt man sie: Eier pellen, längs halbieren und Dotter herauslösen. Nacheinander Pfeffer, Senf, Essig, Öl und das Eigelb in das Eiweiß hineinlegen. Man kann die Gewürze, Öl und Essig mit dem Eigelb auch zu einer sämigen Masse verrühren und wieder in das Eiweiß füllen. Dazu schmecken besonders gut Kräutermayonnaise und Apfelketchup.

Für die Kräutermayonnaise rührt man Mayonnaise mit Joghurt glatt. Zwiebel, Gurke und Peperoni würfeln. Mit Kapern und Kräutern unter die Mayonnaise mischen und mit den Gewürzen abschmecken. Für den Apfelketchup werden die Äpfel gewaschen, geschält und grob geraspelt. Mit Tomatenketchup vermischen und mit den Gewürzen abschmecken.

Als weitere Beilagen passen Brezeln, Brötchen oder Bauernbrot zu den Soleiern.

Dorothea Hoffmann, Berlin

Hackepeter-Schrippe

»Gibt es etwas schöneres zum Bier als eine knusprige Schrippe mit Hackepeter und Zwiebeln?« fragt uns *BZ*-Leser André Müller aus Hohenschönhausen.

Zutaten   *1 Schrippe pro Person*
               Butter
               100 g Schweinehack je Schrippe
               ½ Zwiebel je Schrippe
               Salz
               Pfeffer aus der Mühle

Zubereitung Die Schrippen aufschneiden und beide Hälften gut mit Butter bestrei-
               chen. Auf die bestrichenen Seiten den Hackepeter verteilen, mit Pfef-
               fer und Salz kräftig würzen und mit fein gewürfelten Zwiebelstücken
               bestreuen.
               Dazu schmecken Salzgurken und natürlich Bier!

André Müller, Berlin

Gekochte Eier in Senfsauce mit Kartoffelbrei

Zutaten   *8 mittelweich gekochte Eier, gepellt*
50 g magerer, gewürfelter Speck
25 g fetter, gewürfelter Speck
etwas Margarine
1 mittlere Zwiebel, gewürfelt
1 El Mehl
¼ l Wasser
1 El Senf
Pfeffer
Salz
¼ Tl Zucker
1 kg Kartoffeln
1 Eigelb
1 Tasse heiße Milch
25 g Butter
Salz
Muskat

Zubereitung   Speck in der Margarine ausbraten, Zwiebelwürfel hinzufügen und glasig werden lassen. Mehl einrühren, aufkochen lassen, Wasser hinzufügen, nochmals aufkochen lassen und mit Salz, Senf, Pfeffer und Zucker
herzhaft abschmecken. Gekochte Eier in der Senfsauce kurz ziehen
lassen.
Für den Kartoffelbrei die geschälten Kartoffeln in Würfel schneiden
und kochen. Abgießen, heiße Milch und Butter hinzufügen und mit
einem Kartoffelstampfer stampfen. Zuletzt mit Muskat würzen und
das Eigelb unter den Brei ziehen.
Jeweils vier Eihälften auf einen Teller geben, mit Senfsauce übergießen
und dazu das Püree geben.

Sigrid Kistenmacher, Berlin

Schusterpastete

Zutaten

2 Zwiebeln
100 g durchwachsener, geräucherter Speck
4 Matjesfilets
4 Scheiben Schweinebratenaufschnitt
600 g fertig gebratene Bratkartoffeln
2 Eier
150 g saure Sahne
½ Tl Salz
¼ Tl Pfeffer
½ Tl Knoblauchpulver

Zubereitung Zwiebeln, Speck und Matjes in Würfel, Schweinebraten in Streifen schneiden. Den Speck in einer weiten Pfanne auslassen. Zwiebeln, Matjes und Braten zugeben und alles etwa 3 Minuten braten. Diese Mischung zu den Kartoffeln geben, untermengen und nochmals erhitzen. Die Eier mit der sauren Sahne und den Gewürzen verquirlen, über die Kartoffelmasse geben und in der Pfanne stocken lassen.

Karin Krenzel, Berlin

Brandenburger Selleriesalat

Zutaten   500 g Sellerie
                 Zitronensaft
                 2 hartgekochte Eier
                 1 Apfel
                 200 g Kasseler Rippenspeer
                 4 El Mayonnaise
                 2 El saure Sahne oder Joghurt
                 75 g Walnüsse oder süße Mandeln

Zubereitung   Den rohen Sellerie fein raspeln und mit Zitronensaft beträufeln. Eier hartkochen, abkühlen lassen und anschließend in feine Würfel hakken. Das Kasseler braten und dann in kleine Stücke schneiden. Apfel schälen, entkernen und ebenfalls in kleine Würfel schneiden. Die Mayonnaise und die saure Sahne verrühren und mit den Ei-, Fleisch- und Apfelwürfelchen locker unter den Sellerie mengen. Mit den gehackten Nüssen oder Mandeln bestreuen. Eventuell kann mit einem Schuß Weinbrand abgeschmeckt werden.

Vera Maria Schleske, Potsdam

Nudelsalat mit Hühnerbrust

Zutaten   500 g Spiralnudeln
               300 g grüne Bohnen
               Salz
               5 Chilischoten
               1 Bund Schnittlauch
               ½ Bund Koriander
               1 Zitrone
               2 Hühnerbrustfilets
               2 El Öl
               2 El Sojasauce

Zubereitung Die Nudeln in kochendem Salzwasser bißfest garen, abgießen und ab-
               tropfen lassen. Die Bohnen waschen, putzen und schräg in feine Strei-
               fen schneiden. Etwa 2 Minuten in kochendem Salzwasser blanchieren
               und abschmecken. Chilischoten putzen und in schmale Ringe schnei-
               den. Schnittlauch und Koriander waschen, trockenschütteln und fein
               hacken. Die Zitrone auspressen. Die Hühnerbrustfilets etwa 5 Minuten
               in heißem Öl braten, abkühlen lassen und in dünne Scheiben schnei-
               den. Bohnen, Nudeln und Kräuter mit den Filets und dem Öl vermi-
               schen. Salat mit etwas Zitronensaft und Sojasauce pikant abschmecken.

Jutta Otto, Berlin

Berliner Wurstsalat

Zutaten   600 g Bierschinken, Jagdwurst oder Bockwurst
              5 Zwiebeln
              200 g Senfgurken
              4 El Öl
              2 El Mostrich
              3 El geriebener Meerrettich
              Salz
              Pfeffer
              Senfkörner
              Zucker
              ½ Bund Petersilie
              2 Eier zum Garnieren
              Radieschen

Zubereitung Wurst, Zwiebeln und Senfgurken in Scheiben schneiden. Aus dem
               Öl, dem Mostrich, dem geriebenen Meerrettich und den Gewürzen
               eine Sauce rühren. Wurst, Gurken und Zwiebeln in die Sauce geben,
               gut durchmischen und etwas ruhen lassen. In Portionen auf Tellern
               anrichten und mit Petersilie, gekochten Eischeiben und Radieschen
               garnieren.
               Dazu paßt vorzüglich eine Berliner Butterstulle.

Erika Kunz, Zwickau

Buletten

Die Bulette gilt als typischer Bestandteil der Berliner Küche und ist von jedem irgendwann schon einmal verspeist worden. Buletten sind eine Berliner Leibspeise, die man gerne mal so zwischen Tür und Angel ißt. Kalt oder warm verzehrt, mit einer Schrippe und viel Mostrich, dient sie auch als Bierwellenbrecher und ist daher an vielen Theken unverzichtbares Grundnahrungsmittel.

Herr Urban, der uns dieses Rezept sandte, ist fest davon überzeugt, daß seine Bulettenrezeptur die beste sei, wie sie auch von vielen Berliner Fleischern bevorzugt werde. Na denn …

Zutaten	*2 eingeweichte Schrippen*
	ca. 1 Tasse Milch
	125 g Rinderhack
	125 g Hack vom Kalb
	125 g Schweinehack
	125 g feine Bratwurstmasse
	Salz
	Pfeffer
	ein Reibestrich Muskat
	50 g Butter

Zubereitung Die Schrippen in Milch einweichen, ausdrücken und mit dem Fleisch und den Gewürzen mischen, bis die nötige Bindung vorhanden ist. In der Butter die geformten Buletten hellbraun anbraten.

Wolfgang Urban, Berlin

Eine Variante der Bulettenrezeptur schickte uns Frau Seefeldt, die vorschlägt, die Buletten vor dem Braten in Paniermehl zu wälzen.

Monika Seefeldt, Berlin

Buletten mit Gemüse

Zutaten   500 g Rinderhackfleisch (oder halb und halb)
              125 g Magerquark
              2 Tl Senf
              1 Ei
              1 Zwiebel
              3 Scheiben Toastbrot
              Pfeffer aus der Mühle
              Salz
              ½ Paprikaschote
              100 g Zucchini
              3 El Maiskörner aus der Dose
              40 g Butter

Zubereitung Rinderhackfleisch, Quark, Senf und Ei in eine Schüssel geben. Die Zwiebel abziehen und fein würfeln. Das Toastbrot zerbröseln. Beides mit Pfeffer und Salz zum Fleisch geben und zu einem glatten Teig verkneten. Paprika und Zucchini in sehr kleine Würfel schneiden und mit den abgetropften Maiskörnern zu dem Fleischteig geben und verkneten. Aus der Gemüse-Hackfleisch-Masse flache Buletten formen. Butter in einer Pfanne zerlassen und die Buletten darin braun anbraten. Bei mäßiger Hitze in etwa 10 Minuten gar braten. Dazu Rohkost wie Möhren, Staudensellerie, Paprika oder Radieschen servieren.

V. Mile, Berlin

Sülze

Zutaten
1 l Wasser
1 Lorbeerblatt
4 Pfefferkörner
1 El Salz
etwas Suppengrün
1 Zwiebel
250 g Kalbfleisch
⅛ l Essig
Salz
Zucker
1 Päckchen gemahlene Gelatine
etwas Petersilie

Zubereitung   Das Wasser mit Gewürzen, Suppengrün und Zwiebeln zum Kochen bringen, das Fleisch dazugeben und etwa 30 bis 40 Minuten garkochen. Das erkaltete Fleisch in Würfel schneiden. Die Brühe durch ein Sieb seihen, etwa einen halben Liter Brühe mit Essig, Salz und Pfeffer würzen. Die Brühe wieder zum Kochen bringen und kurz abkühlen lassen. Dann die Gelatine hineingeben und so lange rühren, bis alle Gelatineteilchen gelöst sind. Die Fleischwürfel dazugeben. Anschließend die Brühe und die Fleischwürfel in eine kalt ausgespülte Form geben und kalt stellen. Wenn die Sülze schnittfest ist, vorsichtig mit cinem Messer den Rand der Form lösen, auf eine Platte stürzen und mit Petersilie verzieren.
Dazu passen Bratkartoffeln und grüner Salat.

Seija Mielke, Berlin

Speckeierkuchen nach Altberliner Art

Zutaten
½ l Weißbier
250 g Mehl
Salz
Muskat
6 Eier
1 Messerspitze Backpulver
150 g durchwachsener Speck
Butterschmalz zum Braten

Zubereitung Die Eier in eine Schüssel schlagen und das Mehl unter Rühren langsam einrühren. Das Bier dazugeben und alles zu einem flüssigen Teig verrühren. Den Teig mit Salz und Muskat würzen, eine Messerspitze Backpulver dazugeben.

Für den Eierkuchen in einer Pfanne etwas Butterschmalz erhitzen und darin Speckwürfel goldbraun ausbraten. Soviel Teig hinzugeben, daß der Boden etwa einen halben Zentimeter hoch bedeckt ist. Eierkuchen auf beiden Seiten goldgelb ausbacken und im Ofen warm stellen, bis alle Eierkuchen gebacken sind.

Dazu serviert man grünen Salat.

Dagmar Aschinger, Berlin

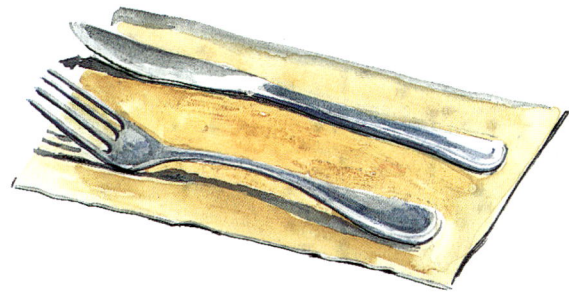

SUPPEN

Biersuppe

Zutaten *20 g Weizenmehl (in einer Tasse mit etwas Brühe verquirlen)*
35 g Zucker
1 kleines Stück Zitronenschale, gehackt
1 Prise Zimt
2 Flaschen Weißbier
2 Eigelb

Zubereitung Alle Biersuppenzutaten, außer dem Eigelb, in einem Topf mit dem
Schneebesen verschlagen, aufsetzen und unter weiterem Rühren aufkochen lassen. Sofort vom Herd nehmen und die zwei vorher verrührten
Eigelb einschlagen. Die Suppe darf nun nicht mehr kochen, da sonst
das Eigelb gerinnt! Sofort in Suppenschalen servieren.
Als Beilage serviert man Toastbrotdreiecke, eventuell mit Zucker bestreut.

Irene Rosin, Berlin

Brotsuppe

Zutaten   300 g altes Brot
              1 Gemüsezwiebel
              ½ Sellerieknolle
              1 Bund Petersilie
              1–1½ l Fleischbrühe
              ½ Becher Sahne
              1 Eigelb
              Salz
              Pfeffer

Zubereitung Das alte Brot zunächst einweichen. Die gehackte Zwiebel und den gehackten Sellerie in Fett anrösten. Brot gut ausdrücken und auch in die Pfanne geben. Kurz angehen lassen und mit der Brühe auffüllen. Diese Suppe läßt man jetzt etwa 30 Minuten köcheln. Mit einem Mixstab oder der »Flotten Lotte« durchmixen und mit Sahne und Eigelb legieren.

Lars Herfeld, Berlin

Kartoffelsuppe à la Kaiser Wilhelm

Kaiser Wilhelm II. liebte diese Kartoffelsuppe, wenn sie auf Schinkenknochen gekocht und mit einer Einlage aus feingeschnittener, gekochter Rinderbrust serviert
wurde. In den normalen Berliner Haushalten gab es statt dessen Würstchen oder Bockwurst dazu und hinterher einen »Eierkuchen« – das war dann das Standardgericht
für den Sonnabend.
Dieses Rezept wurde mehrfach eingeschickt, also nehmen wir die Legende, daß Kaiser Wilhelm diese Suppe so sehr liebte, als gegeben hin.

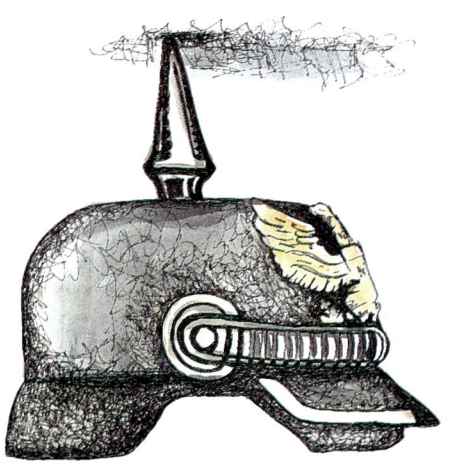

Zutaten   *1 Bund Suppengrün*
                 1 Zwiebel
                 1 El Butter oder Margarine
                 750 g Kartoffeln
                 1 l Brühe (entweder gute Fleischbrühe oder vom Schinkenknochen)
                 Pfeffer aus der Mühle
                 Majoran
                 Salz
                 Petersilie
                 nach Belieben ein Schuß Sahne oder ein Stück Butter

Für die Einlage
gekochte Pökelrinderbrust
in Stücke geschnittene Bockwürstchen oder geröstete Speckwürfel

Zubereitung Das Suppengrün putzen und in kleine Stücke schneiden. Die Zwiebeln pellen, würfeln und mit dem Suppengrün in Fett anrösten. Die Kartoffeln schälen, waschen, in große Stücke schneiden und zum Gemüse geben. Kurz mitdünsten, mit heißer Brühe auffüllen und gut weich kochen. Die Suppe anschließend durch ein feines Sieb pürieren, wieder in den Topf geben und noch einmal aufkochen. Dann mit Pfeffer, etwas Majoran und Salz abschmecken. Die gehackte Petersilie unterrühren. Nach Belieben noch einen Schuß Sahne oder ein Stückchen Butter in die sämige Suppe geben. Sie wird dann mit oder ohne Beilage serviert.

Monika Hoffmann, Berlin

Erbseneintopf

Zutaten
500 g Erbsen
2 l Wasser
1 Bund Suppengrün
250 g Speck
Majoran
375 g Kartoffeln
Salz
Pfeffer
4 Paar Würstchen

Zubereitung Einen Abend vorher die Erbsen waschen und in zwei Liter Wasser einweichen. Am nächsten Tag die Erbsen mit dem Einweichwasser, feingewürfeltem Suppengrün, angeröstetem Speck und Majoran etwa 45 Minuten kochen. Gewürfelte Kartoffeln zugeben, mit Salz und Pfeffer abschmecken und fertig garen. Die Würstchen in der Suppe heiß werden lassen.

Karin Krenzel, Berlin

Steckrübeneintopf

Zutaten   *1–1½ kg Steckrüben*
              500 g Kartoffeln
              500 g Schweinenacken
              2 El Schmalz
              2 Zwiebeln
              1 l klare Fleischbrühe
              1 Lorbeerblatt
              1 Tl Salz
              1 Tl Pfeffer
              1 Prise Zucker

Zubereitung Gemüse und Fleisch in Würfel schneiden. Schmalz im Topf zerlassen, Zwiebeln würfeln und mit dem Fleisch anbraten. Steckrüben zugeben, mit Brühe auffüllen, Lorbeerblatt, Salz und etwas Pfeffer zufügen und etwa eine Stunde kochen lassen. Kartoffelwürfel in den letzten 20 Minuten mitgaren. Den Eintopf zum Schluß mit Pfeffer, Salz und Zucker abschmecken.

Karin Krenzel, Berlin

Grüne Bohnensuppe

Zutaten   *1 kleine Lammkeule, Lammhaxe oder 1 kg Lammsuppenfleisch*
2 El Brühe
3 Dosen grüne Bohnen oder frische Bohnen
kleingeschnittenes Rindfleisch
Bohnenkraut
Tomatenmark
2 Knoblauchzehen
2 Kabanossis
2 Zwiebeln
5–6 Kartoffeln
Salz
Pfeffer

Zubereitung Den Suppentopf mit einem Liter Wasser füllen. Das Lammfleisch und zwei Eßlöffel Brühe hinzufügen und etwa eine Stunde bei niedriger Temperatur garen. Anschließend die gewaschenen und abgetropften grünen Bohnen, das kleingeschnittene Rindfleisch, Bohnenkraut, Tomatenmark, die zerdrückten Knoblauchzehen, die kleingeschnittenen Kabanossis und Zwiebeln und die gewürfelten und gekochten Kartoffeln hinzufügen. Mit Salz und Pfeffer würzen. Die Suppe mindestens noch 1–1½ Stunden auf kleiner Flamme garen.
Guten Appetit!

Marlies Fitsch, Berlin

Linseneintopf

Zutaten
250 g Linsen
250 g Kartoffeln
250 g durchwachsener Speck
1 Bund Suppengrün
Pfeffer
Salz
1 Schuß Essig
Mettenden

Zubereitung Die Linsen am Vorabend einweichen. Kartoffeln schälen, würfeln und zusammen mit den Linsen, dem in Streifen geschnittenen Speck und dem Suppengrün zu einem sämigen Eintopf kochen. Kurz vor dem Servieren die in Stücke geschnittenen Mettenden dazugeben und die Suppe mit Salz und Pfeffer und einem Schuß Essig abschmecken.

Ingeborg Hoffmann

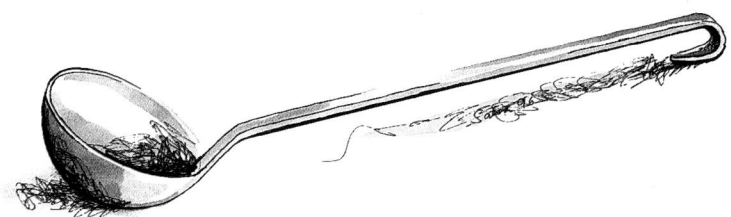

FLEISCH

Kalbsfrikassee Berliner Art

Zutaten   *500 g Kalbfleisch*
1 Zwiebel
1 Möhre
½ kleine Sellerieknolle
3 El Mehl
¼ l Wein
1 Tasse Fleischbrühe
300 g Champignons (zu Festtagen Morcheln)
1 Dose Stangenspargel
1 Becher Sahne
Salz
Pfeffer
Zitronensaft

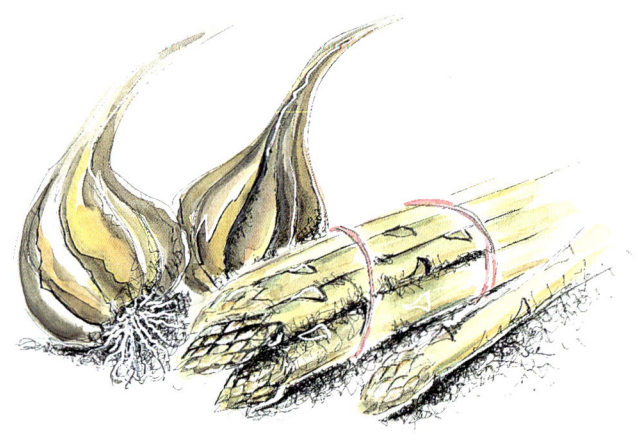

Zubereitung Das Fleisch in Würfel schneiden. In einer große Pfanne oder einem Schmortopf Butter zerlassen und darin die in Scheiben geschnittene Zwiebel, die fein gehackte Möhre und die kleingehackte Sellerieknolle andünsten. Etwas auf die Seite schieben und das Fleisch dazugeben. Solange mitbraten, bis es etwas Farbe angenommen hat. Jetzt das Mehl darüber stäuben, kurz anziehen lassen und mit Wein und Brühe ablöschen. Auf kleiner Flamme etwa 10 Minuten köcheln lassen. Derweil die Pilze in etwas Butter anbraten und den Spargel in circa 5 Zentimeter große Stücke schneiden. Wenn das Pilzwasser verkocht ist, die Pilze und den Spargel zum Fleisch geben und mit Sahne auffüllen. Mit Salz, Pfeffer und Zitronensaft abschmecken. Wenn die Sauce zu dünn ist, noch mit etwas in Wasser angerührtem Mehl binden.

Joachim Kaiser

Schnitzel Holstein

Eins vorneweg: Mit Schleswig-Holstein hat dieses Gericht nichts oder kaum etwas zu tun. Eher schon mit dem Geheimrat Fritz von Holstein aus dem Kabinett Bismarcks, der häufig im Restaurant Borchardt in der Französischen Straße seine Mahlzeiten einnahm. Die Legende erzählt, daß durch ein Versehen in der Küche die vom Geheimrat Holstein bestellte Vorspeise mit seinem vorzugsweise bestellten Hauptgericht, einem Kalbsschnitzel, kombiniert wurde, wovon Holstein so begeistert war, daß er es fortan gerne zu sich nahm. Das Rezept setzte von der Französischen Straße aus zu seinem Siegeszug an und findet sich noch heute auf vielen Karten in Berliner Restaurants.

Zutaten
4 Kalbsschnitzel à 150 g
Salz
Pfeffer
30 g Mehl
100 g Butter
4 Eier
4 El Kapern
4 Scheiben Weißbrot
Sardellenfilets
Lachs
Ölsardinen
rote Bete
saure Gurke

Zubereitung Die Kalbsschnitzel mit Salz und Pfeffer würzen, dann in Mehl wenden. Anschließend die Schnitzel in Butter braten. In einer zweiten Pfanne werden die Eier zu Spiegeleiern gebraten. Die gebratenen Schnitzel werden mit den Spiegeleiern belegt und mit jeweils einem Eßlöffel Kapern bestreut. Weißbrot in Dreiecke schneiden, in Butter rösten und wahlweise mit geräuchertem Lachs, Sardellenfilets oder Sardinen belegen und auf den Teller zum Schnitzel legen. Mit Stückchen von roter Bete, saurer Gurke und eventuell einem Salatblatt garnieren und servieren. Dazu wird Geheimrat Holstein Bratkartoffeln gegessen haben!

Tina Herfeld, Berlin

Berliner Schustertopf

Zutaten
400 g Schweinefleisch
1 Zwiebel
2 El Öl
1 Würfel klare Fleischbrühe
500 g Kartoffeln
500 g Sauerkraut
4 Paar Wiener Würstchen
1 Prise Zucker
1 Tl Majoran

Zubereitung Schweinefleisch in große Würfel schneiden. Die Zwiebel schälen, klein-
würfeln und in Öl mit dem Schweinefleisch anbraten. Einen Viertelliter Wasser hinzugeben und den Suppenwürfel darin auflösen. Alles
etwa 30 Minuten kochen lassen. Die Kartoffeln schälen und in Stücke
schneiden. Das Sauerkraut und die Kartoffeln dazugeben und weitere
30 Minuten köcheln. Die Würstchen kurz vor Kochzeitende dazugeben und mit Zucker und Majoran abschmecken.
Guten Appetit!

Helga Spörl, Berlin

Königsberger Klopse

»Obwohl der Name Grund zu der Annahme gibt, daß es sich hierbei keinesfalls um ein Original Berliner Rezept handelt, glaube ich doch, daß die Königsberger Klopse aus der Berliner Küche nicht mehr wegzudenken sind. Zu unserem Speiseplan gehören sie auf jeden Fall seit Urzeiten«, schreibt uns *BZ*-Leser Thomas Schütte.

Zutaten

200 g Kalbfleisch
200 g Schweinefleisch
2 eingeweichte Brötchen
3 Sardellenfilets
1 El Kapern
Salz
Pfeffer
1 El geriebene Zitronenschale
1 Ei
1 Zwiebel
1 l Fleischbrühe
40 g Butter
20 g Mehl
½ Glas Weißwein
Zitronensaft
½ Becher Sahne
2 Eigelb
4 El Kapern

Zubereitung   Alle Zutaten durch die feine Scheibe des Fleischwolfs drehen. Danach das Ei und die Gewürze dazugeben und nochmals kräftig durchmischen. Mit feuchten Händen runde Klopse formen. Die Brühe gut würzen und zum Kochen bringen. Herd klein stellen und die Klopse in der heißen Brühe garen. Wenn sie fertig sind, warm stellen. Jetzt aus Mehl und Butter eine Schwitze herstellen, mit Wein ablöschen und mit der Kochbrühe aufgießen, bis die Sauce die richtige Konsistenz hat. Mit Zitronensaft, Salz und Pfeffer abschmecken und mit Sahne verfeinern. Kapern dazugeben und die Klopse noch einmal etwa 5 Minuten in der Sauce ziehen lassen. Zum Schluß vom Feuer nehmen und mit den Eigelb legieren.

Zu den Klopsen gehören Salzkartoffeln. Bei uns gibt es traditionell immer noch einen Möhrensalat dazu.

Thomas Schütte

Kasseler Rippenspeer

Eigentlich müßte das Wort »Kasseler« mit »C« geschrieben werden, denn dieses Gericht stammt nicht etwa aus Kassel, sondern ist eine Erfindung des Berliner Fleischermeisters Cassel aus der Potsdamer Straße, der auf die Idee zu diesem Gericht kam, als er nach einer Methode zur Konservierung des Fleischs suchte. Er räucherte das Fleisch und legte es anschließend in Salzlake ein, woraus sich eine Vielzahl typischer Gerichte entwickelte, die sich bis in die heutige Zeit hinein großer Beliebtheit erfreuen.

Zutaten   *800 g Kasseler Kotelettstück*
1 große Möhre
2 mittlere Zwiebeln
1 Lorbeerblatt
3 Wacholderbeeren
Pfeffer aus der Mühle
½ l Wasser
1 Schuß Rotwein
1 Tl Speisestärke
125 ml saure Sahne
1 Tl Kümmel

Zubereitung Wasser zum Kochen bringen. Das gewaschene Fleisch mit der Fettseite nach unten in eine Kasserolle legen, die in Viertel zerteilten Zwiebeln, die Mohrrübenstücke, das Lorbeerblatt, die zerstoßenen Wacholderkörner und Pfeffer nach Geschmack dazutun, mit kochendem Wasser übergießen und in den auf 200 Grad vorgeheizten Ofen schieben. Nach 30 Minuten das Fleisch wenden und danach öfter mit dem Bratenfond übergießen und, falls notwendig, einen Schuß Wasser nachfüllen. Nach dem Wenden den Braten nochmals etwa 15 Minuten garen, das Fleisch von den Knochen lösen, mit einem Teller zudecken und beiseite stellen.

Den Bratenfond durch ein Sieb gießen und mit dem Rotwein kurz aufkochen, mit der Stärke, die man vorher in der sauren Sahne verrührt hat, abbinden.

Zu Kasseler passen hervorragend frisches Sauerkraut und Salzkartoffeln.

Detlef Kellermann

Kasselerbraten

Der ewige Ärger: die blasse Sauce beim Kasseler. Mit einem einfachen Trick zaubert Lilo Heller aus Oranienburg eine tiefbraune, würzige Sauce.

Zutaten
750 g Kasselerkamm
4 El flüssiger Honig
1 Zwiebel
½ Lorbeerblatt
gemahlener Pfeffer
5–7 Pfefferkörner
50 g Margarine

Zubereitung Kasseler waschen, gut mit Pfeffer bestreuen und dick mit flüssigem Honig bestreichen. In einer Pfanne Margarine sehr heiß werden lassen. Das Fleisch hineingeben und sehr schnell wenden. Vorsicht, der Honig karamelisiert, kann leicht schwarz werden und die Sauce bitter machen. Ist das Fleisch von allen Seiten schön braun, mit etwa einem Dreiviertelliter Wasser aufgießen. Ein halbes Lorbeerblatt, Pfefferkörner und eine zerkleinerte Zwiebel mitgaren. Etwa eine Stunde im geschlossenen Topf köcheln lassen. Das Fleisch ist fertig, wenn es sich gut vom Knochen lösen läßt. Dazu schmecken deftiges Faßsauerkraut und Salzkartoffeln.

Lilo Heller, Oranienburg

Hoppel-Poppel

»Das ist in meiner Familie immer noch das Lieblingsrezept. Mit einem schönen Glas Bier – wunderbar!« schreibt uns *BZ*-Leser Ernst Hoffmann.

Zutaten
400 g Schweineschnitzel
1 Zwiebel
1 kg Pellkartoffeln
200 g durchwachsener Speck
2 El Schmalz
Salz
Pfeffer
Kümmel
5 Eier
1 Bund Schnittlauch

Zubereitung Schnitzel in Streifen schneiden, Zwiebel feinhacken. Beides zusammen in heißem Fett anbraten. Salzen und pfeffern, anschließend warmstellen. In der Pfanne noch mal das Schmalz zum Rauchen bringen und den in Streifen geschnittenen Speck einfüllen. Kurz anbraten und dann die in Scheiben geschnittenen Kartoffeln dazugeben. Wenn die Bratkartoffeln fertig sind, mit Salz, Pfeffer und nach Belieben Kümmel würzen. Das warmgestellte Fleisch mit den Zwiebeln unterrühren. Eier verquirlen, den kleingeschnittenen Schnittlauch dazu und über die Masse geben. Langsam in der Pfanne stocken lassen. Dazu essen wir meistens einen Salat.

Ernst Hoffmann

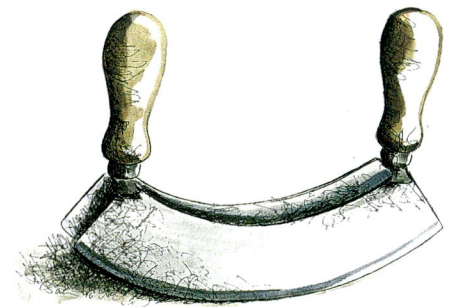

Pökelkamm

Zutaten   *1 kg Schweinepökelkamm*
               1 Zwiebel
               4 Pfefferkörner
               1 Prise Zucker
               4 Wacholderbeeren
               1 Lorbeerblatt
               1 Nelke
               ½ l Wasser

Zubereitung Pökelkamm (Schweinenacken) vom Fleischer auslösen lassen und den Braten in einem Bräter zusammen mit der Zwiebel, den Pfefferkörnern, Zucker, Lorbeerblatt, Wacholderbeeren und der Nelke anbraten. Anschließend mit Wasser auffüllen und etwa 30 bis 40 Minuten garen. Nach dem Garen das Fleisch herausnehmen, in Scheiben schneiden, auf einer Platte anrichten und mit der Pökelkammbrühe übergießen. Zum Pökelkamm werden Sauerkraut oder Erbspüree, auf jeden Fall aber Salzkartoffeln serviert.

Emma und Helga Baade, Berlin

Altberliner Kutschergulasch

Zutaten
500 g Schweinefleisch
500 g Rinderfleisch
5 Zwiebeln
3 Gewürzgurken
1 Knoblauchzehe
1 Lorbeerblatt
5 Pimentkörner
1 El Senfkörner
Salz
Pfeffer
1 l Pils
50 g Fett zum Braten

Zubereitung Das Rind- und Schweinefleisch in mittelgroße Würfel schneiden und mit dem Fett in der Pfanne kräftig anbraten. Anschließend die Zwiebeln grob schneiden und mit dem Knoblauch hinzufügen. Alles mit Salz und Pfeffer würzen. Nun das angebratene Fleisch mit etwas Bier ablöschen und weiterköcheln lassen. Jetzt die gewürfelten Gewürzgurken, das Lorbeerblatt, die Pimentkörner und die Senfkörner dazugeben. Zwischendurch immer wieder mit dem Bier ablöschen. Alles etwa 40 Minuten zusammen kochen lassen.
Dazu empfiehlt sich als Beilage Kartoffelbrei.

Leticia Matthies, Berlin

Schweinebraten

Zutaten 750 g Schweineschinken
Salz
Pfeffer
5 Wacholderbeeren
Bratfett
1 große Zwiebel, gehackt
1 Tomate, gehäutet, entkernt und gehackt
2 Karotten, gehackt
1 Messerspitze Piment
¼ l klare Fleischbrühe
1 Tl Mehl

Zubereitung Fleisch mit Salz, Pfeffer und gestoßenen Wacholderbeeren einreiben und je nach Eigen-Fettgehalt in Fett anbraten oder mit zwei Eßlöffeln Wasser in einem Brattopf ansetzen. Zwiebel, Tomate, Karotten und Piment kurz mitbraten, mit der Brühe ablöschen und den Topf schließen. Die Zubereitungszeit beträgt etwa 50 Minuten. Die Sauce kann, nachdem sie fertiggekocht ist, mit Mehl gebunden werden.

Carola Hubrig, Berlin

Falscher Aal grün

Zutaten   *ca. 500 g Schweinerippchen*
              Suppengrün
              3 Tl Salz
              1 Tl Pfeffer
              3 El Margarine
              3 El Mehl
              1 Bund Dill
              etwas Petersilie

Zubereitung Rippchen in etwa ½–¾ Liter Wasser mit geputztem Suppengrün, Salz
               und Pfeffer garkochen. Das Fleisch herausnehmen, den Sud durch ein
               Sieb geben und auffangen. In einem Topf die Margarine zerlassen, mit
               Mehl anschwitzen und dann mit dem Sud ablöschen, so daß es eine
               dickflüssige Sauce ergibt. Den gehackten Dill und die Petersilie unter-
               mischen. Die Rippchen wieder hineingeben und ziehen lassen. Nicht
               mehr aufkochen!
               Dazu reicht man Salzkartoffeln und Gurkensalat.

Wolfgang Zellmer, Berlin

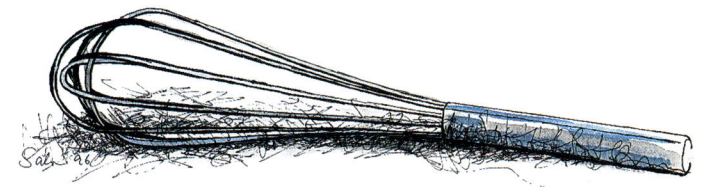

Eisbein mit Sauerkohl und Erbspüree

Ein Leser der *BZ* , Herr Wolfgang Urban, schreibt zu diesem Rezept eine schöne und interessante Geschichte: »Wenigen ist wohl die Entstehung des Namens Eisbein noch bekannt. Überliefert ist für dieses Gericht, daß es zum ersten Male in der Umgebung des alten Görlitzer Bahnhofs serviert wurde, mit Kälte oder kalten Füßen hat es nichts zu tun. Mangels entsprechender Eisenverarbeitungsmöglichkeiten fertigte man früher im Winter für die Kinder aus den Schienbeinknochen des Schweins Schlittschuhkufen zum Unterschnallen, woraus die Vokabel ›Eisbein‹ im Volksmund erhalten blieb.«

Zutaten   *1 kg Eisbein*
              gemahlener, schwarzer Pfeffer
              1 kleine Zwiebel
              1 Möhre
              1 l Wasser
              Salz
              1 Lorbeerblatt
              4 Pfefferkörner
              4 Wacholderbeeren
              1 Gewürznelke
              1 mittelgroßer Apfel
              500 g Sauerkraut
              1 Kartoffel
              Zucker
              Salz

Zubereitung Das Eisbein waschen, pfeffern und 10 Minuten liegen lassen. Die geschälte Zwiebel und die geputzte Möhre in Scheiben schneiden. Das Eisbein in kochendes Wasser legen und das Gemüse dazugeben, würzen und etwa 90 Minuten leicht kochen lassen. Das Eisbein dann herausnehmen und warmstellen. Die Brühe durch ein Sieb geben. Den Apfel raspeln und mit dem Sauerkraut, den abgeseihten Wacholderbeeren und der Gewürznelke in einen halben Liter der abgeseihten Brühe geben. Das Eisbein auf das Sauerkraut legen und noch einmal 30 Minuten zugedeckt köcheln. Gegen Ende der Garzeit eine geschälte, rohe Kartoffel zum Sauerkraut reiben und aufkochen lassen. Gut verrühren und mit Salz, Pfeffer und Zucker abschmecken.

Heidi Spoth, Berlin

Bollenfleisch

Beim Bollenfleisch handelt es sich um ein typisches Berliner Rezept, das seinen Namen von den Zwiebeln (Bollen) hat, die mit dem Hammelfleisch gegart werden.

Zutaten
750 g Hammelfleisch
750 g Zwiebeln
½ El Kümmel
1 l Wasser
50 g Margarine
2 El Mehl
1 Knoblauchzehe
Salz
Pfeffer

Zubereitung Das abgespülte Fleisch in grobe Würfel schneiden. Die Zwiebeln schälen und in Scheiben schneiden. Beides in einen Schmortopf geben, mit Kümmel und Salz würzen und Wasser hinzufügen. Das Fleisch gar kochen und hin und wieder den sich bildenden Schaum abschöpfen. Fleisch aus der Brühe nehmen und diese durchsieben. Aus Fett und Mehl eine Mehlschwitze herstellen und dann mit der Brühe so auffüllen, daß eine sämige Sauce entsteht. Zum Schluß mit Salz, Pfeffer und Knoblauch abschmecken.

Margit Mewe, Berlin

Eine eher südländische Variante schickte uns Frau Bannach. Sie schmort alles erst in Olivenöl, würzt mit viel Oregano, etwas Thymian und Knoblauch und setzt dann mit wenig Wasser zum Garkochen an. Zum Schluß bindet sie die Sauce mit einem Becher Crème Fraiche.

Sigrid Bannach, Berlin

Berliner Pfanne

»Ein preiswertes Essen! Uns hat das toll geschmeckt. Meine Mutter nannte das Gericht Berliner Pfanne«, schreibt uns *BZ*-Leserin Heidemarie Basler.

Zutaten	*4 Blutwürste*
	500 g Zwiebeln
	500 g Kartoffeln
	etwas Milch
	Salz
	1 Prise Muskat

Zubereitung Die Würste enthäuten, in Scheiben schneiden und in einer Pfanne braten. In einer zweiten Pfanne die in Ringe geschnittenen Zwiebeln goldbraun dünsten und diese über die Würste geben.
Kartoffeln schälen und gar kochen. Anschließend mit etwas Milch zu Kartoffelpüree verarbeiten und mit Salz und Muskat abschmecken.

Heidemarie Basler, Berlin

Bratwurst in Bier nach Berliner Art

Die Jagdwurst hieß früher Kaiser-Jagdwurst; der Kaiser ist weg, die Wurst ist geblieben. In Überlieferungen heißt es, daß die Bockwurst erstmals am Hackeschen Markt angeboten wurde. *BZ*-Leser Wolfgang Urban findet aber die folgende Auffassung über die Herkunft besser:
Der Gastwirt Richard Scholtz in der Skalitzer Straße bewirtete eine Tafelrunde Studenten mit Bockbier. Da der Wirt seinen Gästen etwas besonderes bieten wollte, kaufte er bei Fleischer Löwenthal von dessen Spezialwürsten. Zu vorgerückter Stunde servierte Scholtz der lustigen Runde die leckere, warm zu essende Wurst. Die Kommilitonen ernannten die Wurst zur Partnerin des Bockbiers. Fortan war diese Wurst bei Gastwirt Scholtz ein Dauerbrenner, und er erhielt den Namen Bockwurst-Scholtz. Das Rezept stammt aus einem Kochbuch von 1935.

Zutaten   *4 Bratwürste*
             ½ Zwiebel
             1 Lorbeerblatt
             Pfeffer
             Salz
             1½ Tassen Bier
             1 El Stärkemehl

Zubereitung Die Bratwürste mit kochendem Wasser übergießen und abtrocknen. In etwas Butter und mit in Scheiben geschnittener Zwiebel die Bratwürste anbräunen, anschließend mit einer Tasse Bier ablöschen und schnell zum Kochen bringen. Mit Lorbeerblatt, Pfeffer und Salz würzen. Hitze reduzieren und die mit Bier bedeckte Bratwurst etwa 15 Minuten bei kleiner Flamme garen. Die Würste warmstellen. Mit einem Eßlöffel Kartoffelmehl die Sauce andicken. Mit Kartoffelpüree servieren.
Lecker schmecken die Würste auch in einer süßlichen Variante, wo man die Sauce mit Honig statt Stärkemehl bindet.

Elke Gomez, Berlin

Berliner Rinderbrust garniert

Zutaten   *1 kg Rinderbrust*
Salz
1 Zwiebel
5 Gewürznelken
2 Lorbeerblätter
1 Bund Suppengrün
Pfeffer

Zubereitung   Die gewaschene Rinderbrust in kochendes, gesalzenes Wasser geben.
Zwiebel schälen und mit Gewürznelken spicken. Mit Lorbeerblättern
und Pfeffer würzen. Das Suppengrün putzen, kleinschneiden und dazugeben. Etwa zwei Stunden sieden lassen. Das Fleisch aus der Brühe
nehmen, in Scheiben schneiden und anrichten. Mit etwas Fleischbrühe
übergießen und das Gemüse als Garnitur anlegen.

Jeannette Unger, Berlin

Rinderbrust mit Meerrettichsauce à la »Kempinski«

Zutaten   *1 kg Rinderbrust*
              Suppengrün
              ½ l Milch
              geriebenes Weißbrot
              frisch geriebener Meerrettich
              Salz
              Zitronensaft
              Butter

Zubereitung Die Rinderbrust wird mit Suppengrün in einem Liter Wasser aufge-
              setzt und auf kleiner Flamme gegart. Die Hälfte der Kochbrühe und
              die gleiche Menge Milch werden anschließend mit frischem geriebe-
              nen Weißbrot auf kleiner Flamme zu einer feinen Sauce verrührt. Dann
              gibt man frisch geriebenen Meerrettich je nach Geschmack dazu, würzt
              sehr fein mit Salz und Zitronensaft und veredelt die Sauce mit einem
              Stück Butter.

Anneliese Hahn, Berlin

Berliner Schmorbraten

Zutaten   *1 kg Rinderbraten*
               100 g geräucherter Speck in Streifen
               1 Bund Suppengrün
               1 Zwiebel
               3 Gewürzkörner
               1 Lorbeerblatt
               1 Thymianzweig
               2 Flaschen Weißbier
               Salz
               Pfeffer
               Schweineschmalz
               abgeriebene Schale einer halben Zitrone
               etwas Johannisbeergelee
               1 Stück Pfefferkuchen
               1 Prise Zucker

Zubereitung Den Braten mit den Speckstreifen spicken und in eine Schüssel legen. Das geputzte Suppengrün, Zwiebelscheiben und restliche Gewürzzutaten darauf verteilen. Mit Weißbier aufgießen, bis das Fleisch ganz bedeckt ist und zwei bis drei Tage marinieren. Anschließend abtrocknen, mit Salz und Pfeffer einreiben, mit heißem Schmalz übergießen und in den 220 Grad heißen Ofen schieben. Nach 15 Minuten auf 190 Grad zurückschalten. Suppengrün, Zwiebelscheiben und einen Teil der Marinade zugeben. Den Braten zugedeckt 1½ Stunden schmoren. Die Sauce mit Salz, Pfeffer, Zucker, abgeriebener Zitronenschale und Johannisbeergelee abschmecken und mit Pfefferkuchen andicken.

Ingeborg Wettstein, Berlin

Schmorfleisch in Malzbier

Zutaten   *1 kg Rindfleisch*
Salz
weißer Pfeffer
80 g Speck
1 Zwiebel
1 große Mohrrübe
½ l Malzbier
½ l Wasser
2 Lorbeerblätter
etwas dunkler Pfefferkuchen
etwas Essig
1 El Zucker

Zubereitung   Fleisch kurz waschen, trockentupfen, salzen und pfeffern. Speck würfeln und in der Pfanne auslassen. Zwiebeln schälen und im Ganzen belassen. Mohrrübe putzen, waschen und in Scheiben schneiden. Beides zusammen mit dem Fleisch zum Speck geben. Fleisch von allen Seiten anbraten. Mit Wasser und Malzbier aufgießen. Lorbeerblätter hinzufügen und zugedeckt etwa eine Stunde schmoren lassen. Fleisch öfter wenden. Hin und wieder mit Wasser oder Bier nachgießen. Zum Schluß den Pfefferkuchen zerbröseln und die Sauce damit aromatisieren. Mit Essig und Zucker pikant abschmecken.

Angelika Hein, Berlin

Beamtenstip

Beamtenstip wird mit Kartoffeln oder Nudeln gegessen. Das Gericht heißt so, weil es früher bei den preußischen Beamten, vor allem zum Monatsende hin, wenn das Geld knapp wurde, sehr beliebt war.

Zutaten   *500 g Hackfleisch*
2 kleine Zwiebeln
40 g Fett
Salz
Pfeffer
4 El Tomatenmark
¼ l Wasser

Zubereitung   Die feingehackten Zwiebeln in einem Schmortopf in heißem Fett glasig werden lassen. Dann das mit Salz und Pfeffer kräftig gewürzte Hackfleisch zugeben und mit den Zwiebeln mischen. Wenn das Fleisch gut gebräunt ist, das Tomatenmark und das Wasser zugeben. Das Ganze 20 Minuten bei kleiner Hitze köcheln lassen.
Serviert wird der Stip mit Salzkartoffeln.

Klaus Lehmann

Falscher Hase

Zutaten   500 g Hackfleisch
2 eingeweichte Brötchen
300 g durchwachsener Speck
Salz
Pfeffer
1 große Zwiebel
1 El scharfer Senf
1 Ei
1 Tl Paprika
1 Prise Oregano
¼ l Weißwein
¼ l Brühe
1 Becher Sahne
20 g Butter
10 g Mehl

Zubereitung   Zwiebel und die Hälfte von dem in Scheiben geschnittenen Speck anbraten. Diese Masse mit den restlichen Zutaten zu einer großen Bulette durchkneten und formen. In einem großen Schmortopf Butter
zerlassen und den Kloß kräftig anbraten. Dann wenden und mit dem
restlichen Speck belegen. Wein und Brühe angießen und den Bräter
verschließen. Etwa 40 Minuten bei kleiner Flamme köcheln. Wenn
der Kloß gar ist, wird er aus dem Schmortopf genommen und zur
Seite gestellt.
Für die Sauce eine Mehlschwitze aus Butter und Mehl herstellen und
diese mit dem Bratensaft auffüllen, wobei die Sauce nicht zu dünn
werden sollte. Mit der Sahne verfeinern. Den falschen Hasen zurück
in den Topf geben und noch einmal heiß werden lassen. In Scheiben
geschnitten servieren.
Zu falschem Hasen kann man fast alles essen: Rotkohl, Kartoffelpüree, Reis oder auch Bratkartoffeln.

Sabine Haarmann

Berliner Hühnerfrikassee

Zutaten   *1 Suppenhuhn*
              Salz
              1 Bund Suppengrün
              500 g Spargel (frisch oder aus der Dose)
              20 g Butter
              1 El Mehl
              1 l Brühe
              1 Eigelb
              etwas Zitronensaft
              1 Prise Zucker

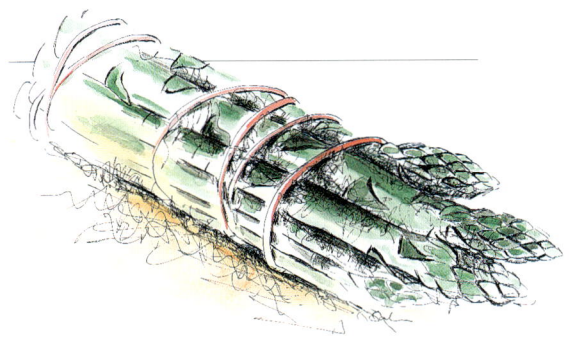

Zubereitung Gewaschenes Huhn in etwa 1 ½ Liter Salzwasser mit dem geputzten Suppengrün circa eine Stunde kochen, bis das Fleisch von den Knochen fällt. Huhn herausnehmen, das Fleisch von den Knochen lösen und in mundgerechte Stücke teilen. Aus Butter und Mehl eine helle Mehlschwitze anrühren und mit einem Liter Brühe ablösen. Mit Eigelb legieren und mit Zitronensaft, Salz und Zucker abschmecken. Hähnchenfleisch und Spargelstücke in die Sauce geben und kurz auf kleiner Flamme durchziehen lassen. Das Frikassee anschließend nicht mehr kochen!

Brigitta Kramm, Berlin

Gefüllter Gänsehals

Zutaten *4 Gänsehälse (beim Geflügelhändler bestellen)*
1 kg Gänseklein (Mägen, Herz, Flügel)
Gänseschmalz
1 großes Suppengrün
1,5 l Wasser
⅛ l Weißwein, trocken
½ Knoblauchzehe
2 Stengel Thymian
2 Lorbeerblätter
5 weiße Pfefferkörner
2 Tl Salz
1 große Gänseleber
500 g Rindfleisch
500 g magerer Speck
2 alte Schrippen
1 große, gewürfelte Zwiebel
Pfeffer
2 Tl Salz
Majoran nach Geschmack
1 Tl Paniermehl
20 g Mehl
40 g Butter
1 Prise Zucker
1 Spritzer Zitrone
2 El Schmand
1 Bund Petersilie

Zubereitung Die Haut vorsichtig von den Gänsehälsen entfernen und zur Seite legen. Gänseklein waschen. Suppengrün putzen und waschen. Das Klein in heißem Schmalz hell anbraten, Suppengrün dazugeben und mitdünsten. Mit Wein und Wasser aufgießen, Knoblauch, Thymian, Lorbeerblätter, Pfefferkörner, Salz dazugeben und etwa eine Stunde im geschlossenen Topf kochen. Zwischenzeitlich die Gänseleber, Rindfleisch und Speck würfeln und dann durch den Fleischwolf drehen.

Die Masse mit den ausgedrückten Schrippen, der gewürfelten Zwiebel, Pfeffer, Salz und Majoran vermischen, eventuell etwas Paniermehl dazugeben und zu einer geschmeidigen Masse verarbeiten. Die Gänsehälse an einem Ende zunähen und die Masse nicht zu straff in den Hals stopfen. Diese dann zunähen und zu dem auf kleiner Flamme kochenden Klein geben und etwa eine halbe Stunde mitkochen lassen. Hälse dann mit dem Gänseklein aus der Brühe nehmen und die Brühe im offenen Topf bei großer Hitze einkochen lassen, eventuell entfetten. Zwischenzeitlich die Hälse mit Salzwasser bepinseln und in der Pfanne knusprig braten. Das andere Gänseklein mundgerecht schneiden, die Brühe durch ein Sieb geben und mit einer hellen Mehlschwitze aus Butter und Mehl binden. Das Klein hinzugeben, mit Pfeffer, Salz, Zucker und Zitrone abschmecken und mit Schmand abrunden, alles in eine große Terrine geben und mit Petersilie bestreuen. Die knusprig gebratenen Hälse in Scheiben schneiden und auf die vorgewärmten Teller geben.

Dazu reicht man Salzkartoffeln oder Reis.
Guten Appetit!

Angelika Seifert, Berlin

Berliner Brattaube

Zutaten

4 Tauben
4 Schrippen
¼ l Sahne
¼ l Wasser
20 g Mehl
Salz
Pfeffer

Zubereitung Schrippen sehr fein schneiden und mit Sahne, Wasser und Mehl zu einer Masse kneten. Anstelle von Sahne und Wasser kann man genauso zwei Eier nehmen, auch fein gewürfelte Zwiebeln passen gut. Wenn Sie es eher süß-sauer mögen, können Sie auch noch kleine Apfelstücke dazugeben. Tauben innen mit Salz ausreiben und mit der Brotmasse füllen. Zunähen und etwa 30 Minuten in Butter braten. Zwischendurch immer wieder mit dem Saft übergießen.

Ramona Franke, Markersbach

Lungenhaschee

Zutaten   1 kg Kalbsgeschlinge (z.B. Lunge und Herz)
1 Bund Suppengrün
Pfefferkörner
1 Tl Piment
Salz
1 Lorbeerblatt
1 Zwiebel
2 El Butter
2 El Mehl
1 Prise Zucker
Pfeffer
1 Spritzer Essig
Fleischextrakt

Zubereitung   Die Lunge und das Herz waschen. In große Stücke schneiden und mit Wasser bedeckt aufsetzen. Aufkochen, abschäumen und dann mit dem geputzten Suppengrün und den Gewürzen in etwa 1½ Stunden langsam weich kochen. Das Fleisch herausnehmen und abkühlen lassen. Dann durch den Fleischwolf drehen oder grob hacken. Die gewürfelte Zwiebel in der Butter andünsten, mit Mehl anstäuben und anschließend mit etwa einem halben Liter durchgesiebter Lungenbrühe zu einer sämigen Sauce verkochen. Das Fleisch darin heiß werden lassen. Das Haschee mit Zucker, Pfeffer, Essig und Fleischextrakt kräftig abschmecken.

Zum Lungenhaschee gibt's in Berlin Pellkartoffeln, »saure Gurke« (Salzgurke) und, wenn Muttern spendabel ist, für jeden ein Setzei. Die restliche Lungenbrühe ergibt mit Graupen oder Grieß und dem Suppengrün als Einlage am nächsten Tag eine Vorsuppe.

Monika Hoffmann, Berlin

Leber Berliner Art

Zutaten   500 g Leber
                 2 El Mehl
                 40 g Butter
                 2 Zwiebeln
                 4 säuerliche Äpfel
                 Salz
                 Pfeffer

Zubereitung Leber gründlich säubern und trockentupfen, danach in Mehl wenden. Zwiebeln in feine Ringe schneiden. Äpfel schälen, entkernen und in schmale Streifen schneiden. Zwei Pfannen und einen Topf auf den Herd setzten und in jedes Gefäß ausreichend Butter geben. In der ersten Pfanne die Leber bei mäßiger Hitze garbraten. In der zweiten die Zwiebeln unter häufigem Wenden braun werden lassen. Im geschlossenen Topf die Äpfel bei kleiner Hitze weichdünsten, aber es soll kein Kompott werden. Die Leber zum Schluß salzen und pfeffern, Zwiebeln und Äpfel daraufgeben.
Zur Berliner Leber schmeckt am besten ein frisches, mit guter Butter und Sahne gemachtes Kartoffelpüree.

Martina Schoutz

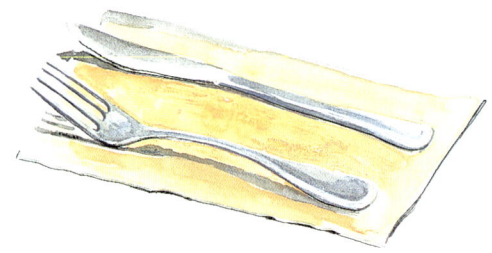

Berliner Schnitzel

Zutaten   *1 kg frisches Kuheuter*
2 Stangen Lauch
1 Zwiebel
1 Ei
Paniermehl
Salz
Pfeffer

Zubereitung Das Fleisch mit dem geputzten und kleingeschnittenen Lauch und mit der kleingeschnittenen Zwiebel in einem Liter Wasser zum Kochen bringen. Wenn das Fleisch weich ist, abkühlen lassen, häuten und in Scheiben schneiden. Mit Salz und Pfeffer würzen. Dann in Ei wenden und panieren. In der Pfanne etwas Fett erhitzen und darin das Fleisch von beiden Seiten braten.
Dazu schmecken am besten Stampfkartoffeln mit Speck und Zwiebeln.

Hannelore Wappler, Berlin

FISCH

Aal grün in Dillsauce

Zutaten   *750 g frischer Aal*
               ¼ l Weißwein
               ⅜ l Wasser
               1 Zwiebel
               Salz
               ⅛ l Schlagsahne
               2 Eigelb
               Saft einer Zitrone
               1 Bund Dill

Zubereitung Den Aal waschen, trockentupfen und in etwa sechs bis acht finger-
               lange Stücke schneiden. Weißwein, Wasser und die Zwiebel mit etwas
               Salz circa 10 Minuten kochen lassen. Die Aalstücke leicht salzen und
               in den Sud geben. Im geschlossenen Topf kurz aufkochen und
               anschließend bei schwacher Hitze etwa 15 bis 20 Minuten ziehen las-
               sen. Die Fischstücke herausnehmen und warmstellen. Den Sud durch
               ein Sieb gießen, bei starker Hitze etwas einkochen lassen. Ansch-
               ließend die Sahne einrühren und kurz aufkochen lassen. Das Eigelb
               verrühren und damit die Sauce legieren, dabei nicht mehr kochen las-
               sen, da sonst das Eigelb gerinnt. Zum Schluß mit Salz und Zitronen-
               saft abschmekken und mit zerhacktem Dill servieren. Die Aalstücke
               mit der Sauce übergießen.
               Guten Appetit!

Ingrid Beyer, Berlin

Brathering

Der Brathering ist, neben der Bulette, einer der beliebtesten Imbißartikel Berlins und darf deshalb in Berlin an keiner Theke fehlen. Man nennt den Brathering im echten Berliner Jargon auch »Arbeiterforelle«, denn in den zwanziger Jahren konnte man für ungefähr 50 Pfennig noch 12 deutsche Fettheringe erstehen, grüne Heringe waren noch billiger. Deshalb wurde der Hering zu einer echten Volksspeise.

Zutaten
8 große Heringe
Salz
Pfeffer
Essig
1 Spritzer Worchestershire-Sauce
100 g Mehl
5 El Essig
Zucker
2 Lorbeerblätter
5 Gewürzkörner
50 g Öl
5 El Essig
2 Zwiebeln

Zubereitung Die Heringe entschuppen, ausnehmen, den Kopf entfernen, wässern, säubern und abtropfen lassen. Mit Salz, Pfeffer, Essig und einem Spritzer Worchestershire-Sauce würzen. Das Mehl auf einer trockenen, heißen Pfanne unter ständigem Umrühren bräunen und auf einen tiefen Teller schütten und erkalten lassen. Nun eine Pfanne mit Öl heiß werden lassen, die Heringe in dem Braunmehl wälzen und in das heiße Öl legen, mehrmals wenden und kräftig braun durchbraten. Einen Viertelliter Wasser mit Essig säuern, Salz, Pfeffer, eine Prise Zucker, Lorbeerblätter, Gewürzkörner und die in Scheiben geschnittenen Zwiebeln zusetzen und 10 Minuten kochen lassen. Fond auskühlen lassen, die gebratenen Heringe hineinlegen und mindestens 24 Stunden ziehen lassen.
Man ißt Bratkartoffeln oder Butterbrot dazu.
Wolfgang Urban, Berlin

Aal in Aspik

Zutaten   *1 kg Aal*
             ½ l Wasser
             100 ml Essig
             50 ml süßer Sherry
             1 Lorbeerblatt
             8 Wacholderbeeren
             10 Pfefferkörner, schwarz
             1 Möhre
             Salz
             Pfeffer
             8 Blatt Gelatine
             3 Eier, hartgekocht
             2 Tomaten
             2 Salzgurken
             Pfeffer aus der Mühle

Zubereitung Wasser, Essig und Sherry mit dem Lorbeerblatt, den Wacholderbeeren
             und Pfefferkörnern in einem Topf erhitzen. Möhre kleinschneiden und
             in die Brühe geben. Die Eier hartkochen, abkühlen lassen, pellen und in
             Scheiben schneiden. Tomaten und Gurken in Scheiben schneiden.
             Den Aal ausnehmen, gut säubern, aber nicht abziehen. Anschließend
             in mundgerechte Stücke schneiden. Mit Salz und Pfeffer einreiben
             und in die Brühe geben und etwa 25 bis 30 Minuten ziehen lassen. An-
             schließend die Stücke aus der Brühe nehmen und abkühlen lassen. In
             der Brühe die Gelatine auflösen.
             Eine geeignete Form wird mit den Gurken-, Tomaten- und gekochten
             Möhrenscheiben ausgelegt und mit dem Gelatinesud übergossen, so
             daß sie bedeckt sind. Anschließend wird die Form mit den Aalstücken
             aufgefüllt und mit dem restlichen Sud übergossen. Die Form im Kühl-
             schrank abkühlen lassen und vor dem Servieren stürzen.
             Zur Sülze reicht man am besten Bratkartoffeln.

             Susanne Kippenberger, Berlin

Havelaal

Zutaten   800 g Aal
300 g Suppengrün
Salz
80 g Butter
50 g Mehl
3 Eigelb
6 El Sahne
2 Zitronen
Dill
Petersilie
Essig
Zucker
weißer Pfeffer

Zubereitung   Sauberen Aal in kleine Stücke schneiden und in 1½ Liter Wasser zum Kochen bringen. Suppengrün, Salz, ein Schuß Essig und Pfeffer dazugeben und etwa 10 Minuten köcheln lassen. Mit der Butter und dem Mehl eine Mehlschwitze fertigen, mit der Sahne und dem Eigelb verquirlen. Mit Zitronensaft, einer Prise Zucker und weißem Pfeffer pikant abschmecken. Auf den Tellern den Aal mit der Sauce anrichten, feingehackten Dill und Petersilie darüberstreuen und mit den Zitronenschalen dekorieren.
Dazu Petersilienkartoffeln servieren.

Klaus Richter, Schwarzenberg

Karpfen in Biersauce

Wie in vielen anderen deutschen Regionen gehört der Karpfen auch in Berlin zum festen kulinarischen Repertoire zu Weihnachten und Silvester. Die bevorzugte Art der Zubereitung eines Karpfens war und ist noch heute in vielen Familien der »Karpfen in Biersauce«.

Zutaten   *1 lebender Karpfen, ca. 2 kg*
Salz
Pfeffer
Zitronensaft
1 große Zwiebel
100 g Knollensellerie
30 g Mehl
100 g Butter
100 g geriebener Lebkuchen
¾ l Bier

Zubereitung Karpfen schlachten, entschuppen, ausnehmen, säubern und in Portionsstücke schneiden. Man kann ihn natürlich auch vom Fischhändler fertig zubereiten lassen. Stücke leicht salzen, pfeffern und mit Zitronensaft beträufeln. Zwiebeln in feine Würfel schneiden, desgleichen den Sellerie. Die Fischstücke leicht in Mehl wälzen und unter mehrmaligem Wenden in Butter beidseitig schön anbraten. Dann die Zwiebel und den Sellerie darüber streuen und kurz mit angehen lassen. Anschließend den Lebkuchen darüber streuen und mit dem Bier aufgießen. Zugedeckt langsam gardämpfen lassen. Die Karpfenstücke vorsichtig herausnehmen. Die Butter mit dem Mehl vermischen und damit die Sauce binden. Mit Salz, Pfeffer und Zucker abschmecken.
Als Beilage eignen sich besonders Butterkartoffeln und Kopfsalat.

Wolfgang Urban, Berlin

Berliner Heringstartar

Zutaten   *4 Heringe*
              1 Gewürzgurke
              1 kleine Zwiebel
              2 Äpfel
              Öl
              Zitrone
              2 Eier

Zubereitung Eier hartkochen und erkalten lassen. Heringe säubern, abtrocknen und
              in Stücke schneiden. Auch alle anderen Zutaten würfeln. Alles zusam-
              men in einer Schüssel mischen. Mit Zitrone und Öl geschmeidig ver-
              rühren, schön durchziehen lassen und am besten auf Graubrot servieren.
              Eine herrliche Vorspeise zu einem schönen Bier.

Gerhard Ersfeld

Gedünsteter Zander mit Meerrettichbutter

Zutaten   *500 g Havelzander*
                   1 l Gemüsebrühe
                   1 Zitrone
                   100 g Butter
                   1 Stange Meerrettich
                   Salz

Zubereitung Gemüsebrühe mit Zitronensaft aufkochen lassen. Klein stellen und den zerteilten Zander in dem Sud garziehen lassen. Die Butter in der Zwischenzeit erhitzen und den Meerrettich reiben. Den Rettich unter die Butter mischen. Zander aus der Brühe nehmen und auf die Teller verteilen. Mit der Meerrettichsauce überziehen.
Dazu Salzkartoffeln, mit Petersilie überstreut, reichen.

Otto Kehnen

Kochfisch mit Zwiebelsauce

Zutaten
4 Fischfilets
400 g Kartoffeln
1 Tl Einmachgewürz
3 große Zwiebeln
1 Lorbeerblatt
100 g Butter
25 g Mehl
Salz
Pfeffer

Zubereitung Kartoffeln schälen und in Salzwasser garen. Abgießen, aber etwa einen Viertelliter Kartoffelwasser für die Sauce aufbewahren.
Frischen Kochfisch oder Fischfilet in reichlich Kochsud aus Wasser, Salz, den Scheiben einer Zwiebel, einem Lorbeerblatt und einem Teelöffel Einmachgewürz garziehen lassen (möglichst ohne zu kochen). Fisch aus dem Sud nehmen und warmstellen.
50 Gramm Butter in einer Pfanne erhitzen und Ringe von zwei Zwiebeln darin goldbraun werden lassen. Butter und Zwiebeln auf den abgetropften, gegarten Fisch geben. Mit der restlichen Butter und dem Mehl eine Mehlschwitze herstellen und mit dem Kartoffelwasser aufgießen. Die Sauce mit Salz und Pfeffer abschmecken, über den Fisch geben und servieren.
Guten Appetit!

Christa Hocke

Fischfilet im Schlafrock

Zutaten
4 Fischfilets à 200 g (Rotbarsch oder Kabeljau)
250 g Mehl
1 Flasche Pils (500 ml)
Salz
Pfeffer
1 Zitrone
Öl zum Ausbacken

Zubereitung
Mehl in eine Schüssel geben, und langsam soviel Bier unterrühren, bis ein leicht flüssiger Teig entsteht. Mit Salz und Pfeffer abschmecken und ruhen lassen.

Die Fischfilets waschen und mit Küchenkrepp trockentupfen. Salzen und mit Zitronensaft beträufeln. In einer Friteuse oder einer hohen Pfanne ausreichend Öl erhitzen, daß die Filets schwimmend ausbacken können. Die Filets gut durch den Bierteig ziehen und im heißen Öl schön goldbraun ausbacken.

Dazu passen hervorragend Petersilienkartoffeln und eine Dillsauce.

Manfred Ebeling, Berlin

KARTOFFELGERICHTE

Brühkartoffeln

Zutaten
500 g Suppenfleisch
2 große Suppenknochen
¼ Tl Kümmel
1 großes Bund Suppengemüse
1 ganze Zwiebel
1½ kg Kartoffeln
¼ Tl Liebstöckel
Pfeffer
Salz
fein gehackte Petersilie

Zubereitung Vorbereitetes Fleisch und Knochen in zwei Liter Salzwasser zum Kochen bringen, Kümmel hinzufügen und etwa 1½ Stunden garen. Fleisch herausnehmen und würfeln. Brühe durchseihen und vorbereitetes Suppengemüse und die geschälte Zwiebel im Ganzen, sowie geschälte, gewürfelte rohe Kartoffeln, Liebstöckel und Pfeffer hinzufügen, aufkochen lassen und auf kleiner Flamme etwa 25 Minuten garen. Suppengemüse und Zwiebel herausnehmen und kleinschneiden und mit dem Fleisch wieder in die Suppe geben. Abschmecken und vor dem Servieren mit Petersilie bestreuen.
Großmutter und Mutter kochten das Suppengemüse immer im Ganzen, da es dann intensiver schmeckte.
Guten Appetit!

Sigrid Kistenmacher, Berlin

Kartoffelpuffer Berliner Art

Zutaten   *1 kg Kartoffeln*
               2 Eier
               2 Brötchen
               1 Zwiebel
               ½ Bund Petersilie
               Salz
               Pfeffer

Zubereitung Kartoffeln reiben, Zwiebel dazureiben. Brötchen einweichen, ausdrük-
               ken und zur Masse geben. Die Masse in einem Handtuch auswringen,
               so daß alle Flüssigkeit herausgepreßt wird. Eier dazugeben, salzen und
               pfeffern und die kleingehackte Petersilie dazumischen. Die kleinen Puf-
               fer in heißem Öl dünn und knusprig ausbacken.

Gabriele Chromik

Kartoffelpuffer mit Kümmel

»Es war das Jahr 1945: Berlin ein Trümmerhaufen und ohne jede Lebensmittelversorgung. Jeder versuchte sich etwas zu Essen zu besorgen, und es gab hier in Neukölln eine Schule, wo einige Lebensmittel, die nicht mehr zur Verteilung gelangten, lagerten. Auch ich lief dort hin, griff mir eine Kiste, in der Hoffnung, etwas Gutes darin zu finden. Aber als ich dann in die Wohnung kam, war die Enttäuschung groß. Das große Paket enthielt nur viele Päckchen Kümmel. Ich hatte kein Glück gehabt, denn wer wollte schon Kümmel eintauschen? So wurde Kümmeltee gekocht, gehamsterte und kostbar behütete Kartoffeln wurden gerieben, und es gab Kartoffelpuffer mit viel Kümmel im Teig. Die Puffer schmeckten unendlich lecker – so werden noch heute in meiner Familie Puffer mit Kümmel gebacken.«
Eine schöne Geschichte, die uns *BZ*-Leserin Erika Thiel da zusandte. Wahrscheinlich wird bei den Puffern auf Süßes als Beilage verzichtet, also weder Zucker noch Apfelmus dazu gereicht. Man sieht auch hier: Not macht erfinderisch, oder anders: Schmalhans ist der beste Küchenmeister!

Zutaten
500 g Kartoffeln
2 Eier
Salz
Pfeffer
2 Tl Kümmel

Zubereitung Kartoffeln fein reiben und fest ausdrücken. Mit Eiern, Salz, Pfeffer und Kümmel mischen und in der Pfanne zu kleinen Puffern in heißem Öl knusprig ausbraten.

Erika Thiel, Berlin

Speckkartoffeln mit Gurkensalat

»Ein Sparrezept aus Omas Zeiten, das schon über Generationen in meiner Familie gern gegessen wird«, schreibt uns *BZ*-Leserin Brigitte Schulze.

Zutaten
1½ kg Kartoffeln
Salz
100 g magerer Speck
1 Bund Petersilie
1 Zwiebel
1 Stückchen Butter
1 große Salatgurke
340 g Kondensmilch oder Sahne
Pfeffer
Salz
1 Tl Essig
Zucker
kleingeschnittene Petersilie nach Geschmack

Zubereitung Kartoffeln schälen und zu Salzkartoffeln kochen. Den Speck und die Zwiebel würfeln und in einer Pfanne den Speck ausbraten und die Zwiebel leicht bräunen. Petersilie feinhacken und die angebratenen Speck- und Zwiebelwürfel mit einem Stückchen Butter zu den Kartoffeln geben.
Die Gurke in feine Scheiben schneiden, mit einer Prise Salz und Pfeffer würzen und den Zucker mit dem Essig vermischen. Zum Schluß die Kondensmilch dazugeben und etwas durchziehen lassen. Eventuell nochmals abschmecken und nach Geschmack etwas gehackte Petersilie zugeben. Gurkensalat zu den heißen Kartoffeln servieren.
Am besten schmeckt es, wenn man den Gurkensalat zusammen mit den Kartoffeln auf einem Teller ißt.

Brigitte Schulze, Berlin

Großmutters Kartoffelsalat

Zutaten   750 g Kartoffeln
             100 g Speck
             1 Zwiebel
             1 Salatgurke
             100 g Mayonnaise
             1 Tl Salz
             ½ Tl Zucker
             10 ml Kondensmilch
             2 Tomaten
             1 Bund Schnittlauch

Zubereitung   Die Kartoffeln kochen, pellen und in dünne Scheiben schneiden. Den Speck und die geschälte Zwiebel in kleine Würfel schneiden, in einer Kasserolle goldgelb braten und über die Kartoffelscheiben geben. Mischen und etwas durchziehen lassen. Die Salatgurke in Scheiben schneiden und über die Kartoffelscheiben geben. Mayonnaise mit den anderen Zutaten verrühren. Über den Salat gießen und alles locker mischen. Den Kartoffelsalat anrichten. Mit Tomatenvierteln garnieren und feingeschnittenen Schnittlauch darüberstreuen.

Jutta Schulze, Berlin

Bratkartoffeln mit Speck

Auch einfache Gerichte bergen herrliche Genußwelten in sich. Diese Bratkartoffeln werden vor allem durch die Verwendung des Rapsöls zu einer echten Delikatesse.

Zutaten   *1 kg Pellkartoffeln*
Butter
Rapsöl
200 g durchwachsener
Speck
1 Gemüsezwiebel

Zubereitung Pellkartoffeln in Scheiben schneiden und in einer Mischung aus Butter und Rapsöl in einer schweren Eisenpfanne braten. Mit Salz und Pfeffer würzen. Dadurch werden sie besonders knusprig. In einer separaten Pfanne den Speck auslassen und die gehackten Zwiebeln dazugeben. Den Inhalt dieser Pfanne zu den Kartoffeln geben und noch einmal kurz durchschwenken.

Gegen ein saftiges Kotelett als Beilage ist nichts einzuwenden, am besten paßt allerdings ein Pils dazu.

Anni Kaiser

Pellkartoffeln mit Kräuterquark und Zwiebeln

Zutaten
1 kg Kartoffeln
Salz
2 kleine Schalotten
4 Eier, hartgekocht
500 g Quark, Magerstufe
125 ml Joghurt
2 El Olivenöl
1 Tasse Milch
Pfeffer aus der Mühle
1 Bund Schnittlauch
½ Bund Petersilie
2 Knoblauchzehen

Zubereitung
Die Kartoffeln gut waschen und mit Schale in Salzwasser kochen.
Die Zwiebeln, den Schnittlauch und die Petersilie sehr klein hacken.
Die Eier hartkochen, abkühlen lassen und in feine Stücke schneiden.
Den Quark mit dem Joghurt, dem Öl und etwas Milch zu einer sämigen Masse anrühren, mit Salz und Pfeffer abschmecken. Die feingehackten Zutaten dazugeben und alles gut verrühren. Die beiden Knoblauchzehen durch eine Presse drücken. Man kann die Sauce auch mit einem Pürierstab pürieren.
Die Kartoffeln mit der Sauce servieren. Wer mag, kann die Kartoffeln auch mit Schale reichen.

Verena Koch

Kartoffeln mit Kümmel

Zutaten   *1 kg Kartoffeln*
                   Butter
                   Salz
                   Kümmel

Zubereitung Rohe, ungeschälte Kartoffeln sehr gut reinigen. Dann der Länge nach durchschneiden. Inzwischen den Backofen auf 200 Grad vorheizen. Die Kartoffeln auf der Schnittseite gut mit Butter bestreichen und anschließend mit Salz und Kümmel bestreuen. Etwa 40 Minuten im Ofen backen.
Diese Kartoffeln schmecken am besten zu einem kurzgebratenen Steak.

Hans-Günther Semsek

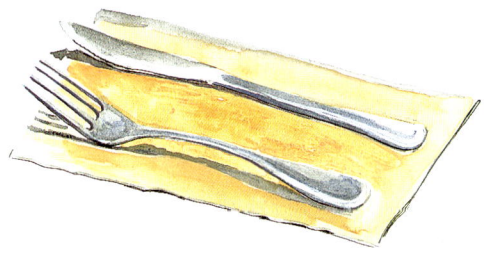

Kartoffelpfanne Berliner Art

Zutaten

1 kg Kartoffeln
300 g Erbsen und Möhren (tiefgekühlt)
1 kleine Dose Spargel
60 g Butter
30 g Mehl
½ l Brühe
5 El geriebener Käse
etwas Butter

Zubereitung   Pellkartoffeln machen (am besten schon am Vortag). Gemüse kurz an-
tauen, Spargel in Stücke schneiden und mit den Erbsen und Möhren
mischen. Kartoffeln in Scheiben schneiden und abwechselnd mit dem
Gemüse lagenweise in eine feuerfeste Form geben. Aus Butter, Mehl
und Brühe eine dickliche Schwitze herstellen und über die Zutaten
gießen. Mit dem Käse bedecken und Butterflöckchen aufsetzen. Im
Backofen gratinieren, bis eine schöne Kruste entstanden ist.

Manfred Schömann, Berlin

Kartoffelknödel mit Bröckchen

Zutaten   *500 g Kartoffeln*
                 ca. 125 g Mehl
                 2 Eier
                 2 El Butter
                 1 alte Schrippe

Zubereitung   Kartoffeln am Vortag kochen und über Nacht im Kühlschrank aus-
                 kühlen lassen. Durch die Kartoffelpresse drücken und mit Mehl, Eiern
                 und Butter mischen. Salzen und mit feuchten Händen zu Klößen for-
                 men. Schrippe in Würfel schneiden und in der Pfanne goldbraun rö-
                 sten. In jeden Kloß zwei Brotbröckchen drücken und die Klöße in sie-
                 dendes Salzwasser legen. Topf vom Herd nehmen (darf nicht mehr
                 kochen) und die Klöße etwa 15 Minuten garziehen lassen.
                 Diese herrlichen Klöße gibt es bei uns zu Schweinebraten oder Sauer-
                 braten. Wenn noch Klöße übrig bleiben, können sie am nächsten Tag
                 in Butter gebraten und mit Apfelmus gegessen werden.

Gernot Köhler

GEMÜSE

Frühlingstopf Berliner Art

Zutaten
250 g Kohlrabi
250 g Mohrrüben
200 g grüne Bohnen
250 g Porree
600 g Kartoffeln
300 g mageres Rindfleisch
300 g mageres Schweinefleisch
2 El Öl
Salz
Zwiebelpulver
¾ l Fleischbrühe (Instant)
1 Lorbeerblatt
250 g Blumenkohlröschen
1 Bund Petersilie

Zubereitung
Einen Tontopf kurz unter fließendem Wasser anfeuchten. Das Gemüse waschen, putzen, schälen und in kleine Würfel schneiden. Blumenkohlröschen zunächst zur Seite legen. Rind- und Schweinefleisch kurz waschen, trockentupfen und in Gulaschwürfel schneiden. Öl in einer Pfanne erhitzen, das Fleisch etwa 8 Minuten unter Rühren anbraten, mit Salz und Zwiebelpulver würzen und locker unter das Gemüse heben. In den Tontopf geben, Fleischbrühe angießen, Lorbeerblatt hinzufügen und alles zugedeckt in den kalten Backofen schieben und bei 220 Grad etwa 45 Minuten garen lassen. Blumenkohlröschen hinzufügen und weitere 45 Minuten garen. Mit Petersilie garnieren.

Angelika Hein, Berlin

Potsdamer Auflauf

Zutaten   3 El Öl
                1½ El Mehl
                ½ l Brühe oder Wasser
                250 g Hackfleisch
                Salz
                Zucker
                Zitronensaft
                300 g Rosenkohl
                Muskat
                Kartoffelpüree aus 500 g Kartoffeln
                Butter

Zubereitung   Mit einem Eßlöffel Öl das Mehl anschwitzen und mit der Brühe glatt-
                rühren. Das Fleisch daruntermengen, mit Salz, Zucker und einigen
                Tropfen Zitronensaft abschmecken. Den vorbereiteten Rosenkohl mit
                dem restlichen Öl ohne Wasserzugabe kurz dünsten, mit Salz und Mus-
                kat würzen. In eine gefettete Auflaufform nacheinander Haschee, Ro-
                senkohl und Kartoffelbrei füllen. Mit Butter betupfen und etwa 30 Mi-
                nuten überbacken.

Vera Maria Schleske, Potsdam

Berliner Schmorgurken

Im Umland von Berlin wurden schon immer Gurken angebaut, so daß es nicht verwunderlich ist, daß die Berliner eine besondere Beziehung zu diesem Gemüse haben. Es kamen sehr viele Einsendungen zu den Schmorgurken, von denen wir zwei in dieses Buch aufgenommen haben.

Zutaten   *2 Salatgurken*
                 4 El Zucker
                 150 ml Essig
                 3 El Senfkörner
                 Estragon
                 Salz
                 Pfeffer
                 Mondamin

Zubereitung   Die Gurken schälen, der Länge nach halbieren und die Kerne mit einem Teelöffel herauskratzen. Die Hälften quer in nicht zu kleine Stücke schneiden.
Zucker in einem trockenen Topf karamelisieren, wobei darauf geachtet werden muß, daß er nicht zu dunkel wird. Mit Essig ablöschen, Senfkörner und Estragon hinzufügen, salzen und pfeffern und gut verrühren. Die Gurkenstücke dazugeben und auf kleiner Flamme nicht zu weich schmoren. Zum Schluß mit etwas Mondamin andicken.
Dazu eine Bulette oder ein Kotelett und Salzkartoffeln, was könnte schöner sein?

Ingeborg Heidrich, Berlin

Schmorgurken mit Tomaten und Zwiebeln

Das Lieblingsrezept einer Berliner Familie seit mehreren Generationen!

Zutaten   *3 Salatgurken*
            5 reife Tomaten
            2 große Zwiebeln
            150 g magerer Speck
            Öl oder Margarine zum Anbraten
            Salz
            Pfeffer

Zubereitung Die Gurken schälen und halbieren, die Kerne entfernen und in etwa
            1½ Zentimeter große Stücke schneiden. Die Tomaten achteln, entker-
            nen und häuten, die Zwiebeln pellen und in Scheiben schneiden und
            alles zusammen in eine Schüssel geben. Den Speck in Würfel schnei-
            den und in Öl anbraten. Dann das Gurken-, Tomaten-, Zwiebelge-
            misch dazutun und unter mehrmaligem Rühren etwa 10 Minuten
            schmoren. Es bildet sich genug Flüssigkeit, aber man kann auch etwas
            Wasser dazugießen. Mit Salz und Pfeffer abschmecken und eventuell
            etwas andicken, indem man Crème fraiche unterrührt.
            Dazu gibt es Salzkartoffeln. Wenn man den Speck wegläßt, gibt es ein
            sehr leckeres vegetarisches Gericht.

Christa Bollewski, Berlin

Erbspüree

Zutaten   200 g geschälte Erbsen
              ¾ l Wasser
              ½ Tl Majoran
              1 El Butter
              Salz
              weißer Pfeffer
              1 Zwiebel
              50 g Speck

Zubereitung Die Erbsen über Nacht in kaltem Wasser einweichen. Am nächsten
              Tag im Einweichwasser zugedeckt etwa 20 Minuten unter Zugabe des
              Majorans langsam zu einem Brei verkochen lassen. Die Butter hinein-
              rühren und mit Salz und Pfeffer würzen. Das Püree in eine vorge-
              wärmte Schüssel füllen und warmstellen. Die Zwiebel hacken, den
              Speck würfeln und in der Pfanne ausbraten. Über das Püree geben
              und fertig!

Heidi Spoth, Berlin

Löffelerbsen – Berliner und Brandenburger Art

Zutaten   *500 g grüne Erbsen*
               1 Bund Suppengrün
               500 g Schweineohr und -schnauze oder -schwanz
               (ersatzweise 500 g Schweinebauch, Rippchen oder Eisbein)
               250 g Kartoffeln
               Salz
               1 Bund getrocknetes Majoran

Zubereitung Gewaschene Erbsen über Nacht in zwei Liter Wasser einweichen. Suppengrün putzen, waschen und zerkleinern. Kartoffeln in kleine Stücke schneiden und das Fleisch waschen. Die Erbsen im Einweichwasser mit Suppengrün, Kartoffeln, Fleisch und Salz etwa 75 Minuten kochen. Anschließend Majoran von den Stengeln reiben und in die fertige Suppe einrühren.

Ursula Braetz, Berlin

Von Frau Braetz stammt auch folgende Geschichte, die wir hier nacherzählen.

Dietrich Kagelwid

Eines Tages fiel Kaiser Karl IV. überraschend bei den Klosterbrüdern von Lehnin ins Haus. Er kam mit seinem vornehmen Gefolge von der Jagd. Ausgerechnet zu diesem Zeitpunkt befand sich nicht ein Stück Fleisch im Kloster, weil kurz zuvor Kirmes gewesen war. Dort gab es jedoch einen treuen Mönch namens Dietrich Kagelwid, der schon manches Mal Rettung gewußt hatte. Mit seiner Gelehrtheit soll es nicht weit her gewesen sein, denn er machte sich lieber in der Küche zu schaffen als in der Bibliothek. Seine Kochkünste ließen den Brüdern das Wasser im Munde zusammenlaufen. Schon deshalb hatten sie alle ihn sehr gern.

»Kagelwid, du mußt mir helfen«, sagte der Abt, »du mußt mir eine Kraftsuppe kochen, wie sie ein ausgehungerter Jägersmann liebt!« »Heiliger Vater!« sprach Kagelwid, »erst Fleisch her, dann eine Suppe. Hat der Kaiser einen Damhirsch oder einen Rehbock in seiner Jagdtasche?« »Ach, er hat nur fehlgeschossen«, antwortete der Abt.

»Davon kocht Schmalhans nur eine Wildsuppe«, sagte Kagelwid. »Ach Kagelwid, bester Kagelwid, hilf mir«, flehte der Abt, »wenn er hungrig abzieht, trägt er's uns nach. Er ist den Mönchen in Chorin ohnehin mehr zugetan als uns.« »Da wären also nur die Schweine!« erinnerte Kagelwid. »Aber Kagelwid, wovon sollen wir denn im Winter leben? Auch sind sie noch nicht gemästet. Wo hast du auch je gehört, daß eine Suppe von Schweinefleisch gut schmeckt? Ich will nicht, daß du mir auch nur ein Schwein schlachtest!« entgegnete der Abt.

Da rieb sich der Kagelwid die Stirn, aber er fand eine Lösung. Bald brodelte ein Kessel mit Erbsen über dem Feuer. Dann ging er doch heimlich mit einem Messer in den Schweinestall. Die Suppe schmeckte nicht nur dem Kaiser und seinen Begleitern vorzüglich, sondern auch dem Abt. Alle lobten, daß sie kräftig, würzig und nahrhaft wäre und zum Trinken rechten Appetit machte. »Aber was ist das für ein Fleisch«, sprach der Kaiser, »das so zart schmeckt und darin herumschwimmt?« »Das ist kein Fleisch,« sagte Kagelwid. Da rieten sie umher, was es sein könne. Einige meinten, es sei Fisch. Andere glaubten, sie hätten eine Art Schnecken gegessen. Einer aber schüttelte den Kopf und behauptete: »Das schmeckt nach Schwein.« Da fuhr der Abt auf: »Kagelwid, hast du mir das angetan?« »Ehrwürdigster Herr, Ihr werdet sehen, Euch fehlt keines!« versicherte Kagelwid.

Da wurden alle neugierig und gingen mit dem Kaiser und dem Abt in den Stall. Die Schweine grunzten laut, und könnt' ich Euch das antun! Hört doch, wie Eure Schweine im Stall grunzen, und zählt sie. Wie gesagt, es fehlte keines. Aber es gab auch keines, das auch nur noch ein Ohr gehabt hätte. Kagelwid hatte alle Ohren abgeschnitten und in der Suppe gekocht. Alle staunten und lachten. Kagelwid hörte viel Lob, denn bis dahin hatte man in Deutschland nicht gewußt, daß man die Schweineohren essen kann. Sie wurden immer auf den Dunghaufen geworfen. Also war Kagelwid ein großer Erfinder. Wenn ihn sein Abt nun tadeln wollte, wäre es zu spät gewesen. Der Kaiser, der nie in seinem Leben eine so schmackhafte Suppe gegessen hatte, nahm ihn aus dem Kloster mit und holte ihn an seinen Hof. Seitdem gibt es in der Mark Brandenburg die Erbsensuppe mit Schweineohren. Man schlachtet aber jetzt die Schweine zuerst und schneidet ihnen dann die Ohren ab.

Leipziger Allerlei

Dieser herrliche und manchmal auch hochherrschaftliche Gemüsetopf ist keinesfalls eine sächsische Angelegenheit, er stammt vielmehr von den Hugenotten, die die verwendeten Gemüse im 17. Jahrhundert nach Berlin brachten.

Zutaten   *200 g feine junge Bohnen*
200 g Erbsen
200 g Champignons oder Morcheln
200 g Spargel
200 g Möhren
60 g Butter
20 g Mehl
1 Tasse Brühe
½ Becher Sahne
Salz
Zucker
weißer Pfeffer

Zubereitung   Die Gemüse putzen, Möhren in Scheibchen, Spargel in mundgerechte Stücke schneiden. Jedes Gemüse für sich in Wasser gar kochen, dann unter kaltem Wasser abschrecken. Alle Gemüse sollten noch Biß haben. In der Zwischenzeit die Champignons oder besser Morcheln in 20 Gramm Butter anbraten.

Aus Mehl und Butter eine Schwitze herstellen, mit Brühe sämig aufgießen und mit Sahne verfeinern. Die Sauce sollte noch schön dick sein. Würzen und die Gemüse noch mal kurz warmziehen lassen. Dazu paßt ein leckeres Schnitzel oder ein Stück Braten.

Man kann es aber auch vegetarisch genießen, nämlich nur mit Bratkartoffeln, die in Rapsöl gebraten werden. Dazu gibt's ein leckeres Bier.

Anne Konieczny

Rübchen aus Teltow

Die berühmten Rübchen aus Teltow, eine kleine Art weißer Rüben, gedeihen in den kargen Sandböden bei Teltow ganz vorzüglich. Dem Geheimrat Johann Wolfgang von Goethe wuchsen sie bei seinem einzigen Berlinbesuch so sehr ans Herz, daß er sie zu seiner Lieblingsspeise erkor und sich regelmäßig eine Sendung nach Weimar schicken ließ.

Zutaten
600 g Teltower Rübchen
2 El Butter
1 El Zucker
1 Glas Brühe
Pfeffer
Zitrone
3 El Petersilie

Zubereitung Die Rübchen schälen und waschen. Butter und Zucker im Topf karamelisieren lassen. Die rohen Rübchen dazugeben und bei kleinster Flamme solange hin und her schütteln bis, alle Rübchen mit dem Karamel überzogen sind. Jetzt die heiße Brühe dazugießen und den Deckel aufsetzen. Etwa 30 bis 40 Minuten köcheln lassen. Zum Schluß nach Belieben mit etwas Zitronensaft abschmecken und mit feingewiegter Petersilie überstreuen.

Josefine Lambio

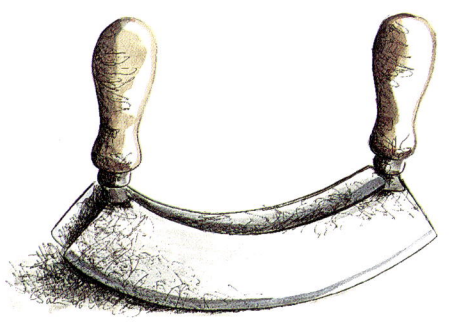

Saure Pilze

Zutaten   *700 g Waldpilze*
4 El Weinessig
2 Tassen Wasser
3 El Mehl
2 Lorbeerblätter
Pfefferkörner
Salz
etwas Zucker
etwas Pfeffer

Zubereitung   Pilze säubern, in Scheiben schneiden und in Essigwasser kochen lassen. Salz und Gewürze zugeben und dann nochmals 25 bis 35 Minuten
köcheln lassen. Mit Mehl abbinden und eventuell noch einmal nach-
würzen.
Dazu passen Pell- oder Salzkartoffeln.

Klaus Richter, Schwarzenberg

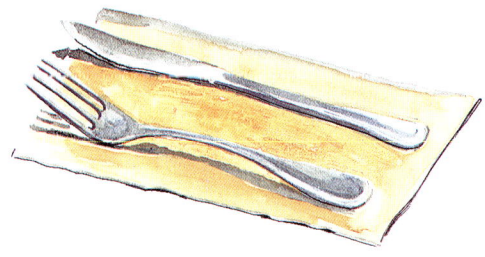

Berliner Sauerkrauttopf

Zutaten
500 g gepökeltes Eisbein
600 g Sauerkraut
5 Wacholderbeeren
1 Kartoffel
250 g Möhren (fein geraspelt)
2 Äpfel
Salz
Zucker
gehackte Petersilie

Zubereitung Das Eisbein, die Schwarte an einigen Stellen eingeritzt, in etwa einem Dreivierelliter siedenden Wasser halb gar kochen. Sauerkraut und Wacholderbeeren dazugeben und das Ganze etwa eine Stunde kochen lassen. Das gare Fleisch herausnehmen und in kleine Stücke schneiden. Das Sauerkraut mit geriebener roher Kartoffel binden und mit den geraspelten Möhren und Äpfeln nur noch kurz kochen lassen. Das Fleisch zugeben, mit Salz und Zucker abschmecken und zum Schluß mit gehackter Petersilie bestreuen.

Vera Maria Schleske, Potsdam

Kohlrollen aus Berlin

Zutaten
250 g Spinat
2 Zwiebeln
1 große Tomate
200 g gemischtes Hack
10 g fetter Speck
6 El gekochter Reis
2 El gehackte Petersilie
1 Prise Nelkenpfeffer (Piment)
Pfeffer
Salz
16 Weißkohlblätter
2 El Öl
1 Bund Suppengrün
¾ l Fleischbrühe
1 Zitronenscheibe

Zubereitung Spinat waschen, leicht abgetropft kurz brühen und fest auspressen. Den Spinat und die Zwiebel fein hacken. Die Tomate überbrühen, häuten, entkernen und das Fruchtfleisch hacken. Diese Zutaten mit Hack, gewürfeltem Speck, Reis, Petersilie sowie den Gewürzen vermischen. Die Weißkohlblätter etwa 10 bis 12 Minuten in Essigwasser garen. Die Blätter des Kohls flachdrücken. Das Hackgemisch in die Blätter einrollen und zusammenbinden. In einem großen Schmortopf Fett erhitzen und das gewürfelte Suppengrün und die zweite gewürfelte Zwiebel anbraten. Die Kohlrollen drauflegen und mit Brühe angießen. Die Zitronenscheibe zugeben und 35 Minuten schmoren. Die Sauce nach Belieben verfeinern.

Jutta Schulze, Berlin

Berliner Krautwickel

Zutaten
1 großer Wirsingkohl
500 g Gehacktes
2 große Zwiebeln
Salz
Pfeffer
1 Prise Fondor
¼ l Fleischfond
1 Tl Kümmel
Muskat
Margarine

Zubereitung Wirsingkohl in siedendem Wasser 10 Minuten abwellen. Kohl in einzelne Blätter zerteilen und doppelt legen. Das Gehackte, gewürfelte Zwiebeln, Kümmel, Salz, Pfeffer und Fondor mischen. Die fertige Masse auf die Kohlblätter verteilen und diese mit Garn fest zusammenwickeln. Krautwickel in einem Bratentopf mit Margarine und Zwiebel von allen Seiten anbraten und den mit Kümmel und Muskat abgeschmeckten Fleischfond angießen. Anschließend die Krautwickel etwa 15 Minuten weiter kochen lassen, bis der Kohl bißfest ist.
Dazu werden Kartoffeln gereicht.

Waltraud Rahn, Berlin

SÜSSE SPEISEN & DESSERTS

Berliner Brotkuchen

Zutaten   *500 g Schwarzbrot*
            (auch Reste)
            2 El Rosinen
            4 Eier
            3 Äpfel
            90 g Butter
            100 g Zucker
            2 Tl Zimt
            1 Zitrone

Zubereitung Das Schwarzbrot in Wasser einweichen, ebenso die Rosinen. Eine Springform einfetten. Die Äpfel schälen und zerkleinern. Das Brot ausdrücken und mit den Eiern vermischen. In die Form zuerst die halbe Brotmasse, dann die Apfelstücke, Rosinen, Zucker, Zimt und Zitronensaft einbringen und zum Schluß mit Brotmasse abdecken und etwa eine Stunde backen. Bei Bedarf Butterflöckchen aufsetzen. Heiß mit Vanillesauce servieren.

Anni Richter, Schwarzenberg

Buchweizengrütze

Zutaten   *300 g Buchweizengraupen*
Prise Salz
¾ l Flüssigkeit (halb Milch/halb Wasser)
Zucker
Sahne

Zubereitung Buchweizengraupen auf einem Drahtsieb durchschütteln, Mehlstaub durchfallen lassen. Buchweizengraupen in einer Pfanne ohne Fett bei mäßiger Hitze leicht anrösten, in eine feuerfeste Schüssel schütten, die Flüssigkeit dazugießen, zudecken und im Ofen bei 160 bis 170 Grad etwa zwei Stunden quellen lassen. Nicht mehr umrühren.
Dick mit Zucker bestreut und flüssiger süßer Sahne übergossen servieren.

Irene Rosin, Berlin

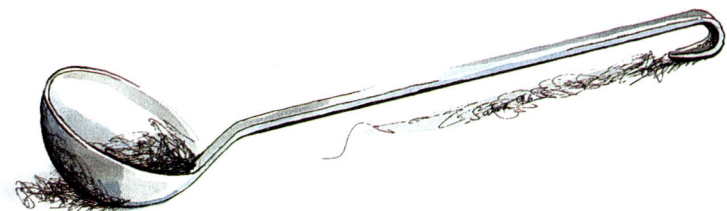

Berliner Mohnpiehlen

Zutaten   *5 altbackene Brötchen*
                 50 g Zucker
                 1 l Milch
                 250 g gemahlenen Mohn
                 75 g Rosinen
                 75 g Zucker
                 50 g Mandelsplitter

Zubereitung Kleingeschnittene Brötchen mit Zucker und einem halben Liter Milch
               einweichen; restliche Milch aufkochen. Mohn, Zucker und Rosinen
               einrühren und alles etwa 10 Minuten kochen lassen, ab und zu um-
               rühren und anschließend zu den eingeweichten Brötchen geben. Lang-
               sam umrühren und die Mandelsplitter hinzufügen und abgedeckt
               mindestens zwei Stunden im Kühlschrank ziehen lassen.
               Wenn keine Kinder mitessen, kann man auch in Rum eingelegte Rosi-
               nen verwenden.

Isa Berger, Berlin

Berliner Nußkuchen

Zutaten   6 Eier
               400 g gemahlene Haselnüsse
               200 g Zucker
               1 Päckchen Vanillezucker
               1 Päckchen Backpulver
               1 Packung Schokoladenglasur

Zubereitung Eier trennen. Eigelb mit Zucker und Vanillezucker schaumig schlagen.
               Gemahlene Haselnüsse und Backpulver unterrühren. Eiweiß steif schla-
               gen und unterheben. Die Backform einfetten, Backmasse einfüllen
               und etwa 50 bis 60 Minuten im vorgeheizten Backofen bei 175 Grad
               backen. Nach dem Abkühlen des fertiggebackenen Kuchens die Scho-
               koladenglasur überziehen.
               Kuchen nach Belieben mit Nüssen garnieren.

Annelie Freidl, Berlin

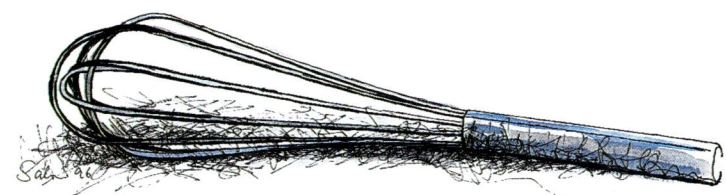

Königin-Luise-Kuchen

Zutaten

200 g weiche Margarine
150 g Zucker
Salz
1 Päckchen Vanillezucker
3 Eier
275 g Weizenmehl
65 g Stärkemehl
reichlich ½ Päckchen
Backpulver
4–5 El Milch
600 g Obst
Butter
feiner, weißer Zucker

Zubereitung   Zur schaumig geschlagenen Margarine nach und nach Zucker, Gewürze, Eier, Backpulver und das gesiebte Mehl sowie die Milch einrühren. Den Teig in eine gefettete und ausgestäubte Springform legen und in gleichmäßigen Abständen mit Obst belegen. Bei Mittelhitze etwa 45 Minuten backen. Sofort mit erhitzter Butter bestreichen und mit Zucker bestreuen.

Als Belag eignen sich Äpfelhälften, mit ein wenig Konfitüre gefüllt, besonders gut.

Vera Maria Schleske, Potsdam

Berliner Käsekuchen

Zutaten *Für den Teig:* *200 g Mehl*
100 g Zucker
1 Prise Salz, 2 Eigelb
125 g kalte, aber nicht harte Butter

Zum Belegen: *75 g Korinthen*
2 El Rum
100 g weiche Butter
125 g Zucker
abgeriebene Schale von einer ½ Zitrone
4 Eier
500 g Quark (20 % Fettgehalt)
1 Eigelb
1 El Sahne

Zubereitung Das Mehl auf die Arbeitsfläche sieben; in der Mitte eine Mulde bilden und den Zucker, das Salz und das Eigelb hineingeben. Alles mit den Händen zu einem glatten Teig verkneten. Den Teig zugedeckt etwa 20 Minuten in den Kühlschrank stellen.
Korinthen mit heißem Wasser überbrühen, abtropfen lassen und auf Küchenkrepp trocknen lassen. Die Korinthen mit Rum begießen und quellen lassen. Butter mit Zucker und der Zitronenschale schaumig rühren. Die Eier trennen und nach und nach das Eigelb in die Buttermasse geben. Quark und Korinthen untermischen. Nun das Eiweiß zu steifem Schnee schlagen und unter die Quarkmasse heben.
Die Arbeitsfläche leicht mit Mehl bestäuben und den Mürbeteig darauf ausrollen. Den Kuchenboden in der eingefetteten Springform auslegen und den Teigrand formen. Den Teigboden mehrmals mit einer Gabel einstechen. Käsemasse in die Backform füllen und glattstreichen. Den Kuchen im vorgeheizten Backofen auf mittlerer Schiene bei 200 Grad etwa eine Stunde backen. Eigelb mit Sahne verquirlen und den Kuchen 15 Minuten vor Ende der Backzeit damit bestreichen. Den fertigen Kuchen in der Form etwas abkühlen lassen.

Ruth Heidelmeyer, Berlin

Berliner Brot

Zutaten   *125 g Blockschokolade*
              250 g Mandeln oder Haselnüsse
              250 g weiche Butter
              250 g Zucker
              2 Eier
              1 El Zimt
              250 g Mehl
              2 Teelöffel Backpulver
              1 Eiweiß

Zubereitung Die Schokolade reiben. Die Mandeln oder Haselnüsse ungeschält grob
              schneiden. Butter, Zucker und Eier schaumig rühren. Dann die übri-
              gen Zutaten und das Mehl-Backpulver-Gemisch unterrühren. Die
              ziemlich feste Masse fingerdick auf dem gefetteten Blech ausrollen.
              Ein Eiweiß leicht verschlagen und darüberstreichen. Bei einer Tempe-
              ratur von 200 Grad auf mittlerer Schiene etwa 20 Minuten backen.
              Das noch warme Brot in 8 Zentimeter lange und 3 Zentimeter breite
              Streifen schneiden und gleich servieren.

Ruth Heidelmeyer, Berlin

Berliner Sahneplinsen

Zutaten
70 g Stärkemehl
2 El Wasser
4 Eier, getrennt
¼ l saure Sahne
½ El Salz
1 El Zucker
Zucker und Zimt zum Garnieren
Konfitüre
⅛ l süße Sahne

Zubereitung Stärkemehl mit dem Wasser verrühren. Eigelb, saure Sahne, Salz und Zucker dazugeben und die Masse mit einem Schneebesen zu einem glatten Teig rühren. Dann das Eiweiß fest schlagen und unterheben. In einer Pfanne vier flache Plinsen goldbraun backen.
Mit Zimt und Zucker bestreuen sowie mit Konfitüre und einem Klecks Schlagsahne verzieren.

Susanne Basler, Berlin

Berlingos – Kleine Teekuchen

»Ein uraltes Rezept von meiner Oma«, schreibt uns Frau Gina Rolf und bemerkt dazu, daß diese Teekuchen auf Vorrat gebacken und in einer gut verschlossenen Dose lange gelagert werden können. Vorzüglich schmecken sie mit Obst belegt.

Zutaten

Für den Teig
375 g Mehl
250 g warme Butter
200 g Zucker
abgeriebene Schale einer Zitrone
1 Prise Salz
8 Eigelb von hartgekochten Eiern
Mehl zum Ausrollen

Für den Guß
1 Eiweiß
50 g Zucker

Zubereitung Zutaten in einer Schüssel mit dem Handrührgerät zu einem geschmeidigen Teig verkneten. Teig 30 Minuten kühlstellen. Auf bemehlter Fläche einen halben Zentimeter dick ausrollen. Mit einer Ausstechform mit 6 Zentimeter Durchmesser Plätzchen ausstechen und auf ein Backblech legen. Eiweiß und Zucker zu festem Schnee schlagen. Die Plärzchen damit bestreichen und mit etwas Wasser besprengen. Blech in dem auf 160 Grad vorgeheizten Ofen auf die untere Schiene schieben und etwa 45 bis 50 Minuten backen.

Gina Bolf, Berlin

Berliner Luft

Zutaten   3 Eier
                 125 g Zucker
                 1 Zitrone
                 ¼ l Apfelsaft
                 10 g Gelatine
                 1 Prise Salz
                 Vanillezucker

Zubereitung   Die Eier trennen und das Eigelb, am besten im warmen Wasserbad, mit dem Zucker schaumig schlagen, den Saft der Zitrone sowie ein wenig abgeriebene Schale dazugeben. Gelatine in Wasser einweichen, Apfelsaft erhitzen und darin die vorgeweichte Gelatine auflösen. Alles zur Eigelbmasse geben. Eiweiß mit einer Prise Salz steifschlagen, mit Vanillezucker süßen und anschließend unter die Eigelbmasse ziehen. Die Masse entweder in einer Schüssel oder in Portionsschälchen kaltstellen und erstarren lassen.

Dazu kann man Plätzchen und ein wenig Gelee reichen, aber auch Waldbeeren, die man mit dem Pürierstab zerkleinert hat.

Beatrice Ullmann, Berlin

Berliner

Zutaten

1 Packung Dauerbackhefe
1 Tl Zucker
1/8 l lauwarme Milch
500 g Mehl
50 g feinster Zucker
1 Packung Vanillezucker
½ Tl Salz
125 g weiche Butter
2 Eigelb
Marmelade für die Füllung
Öl oder Pflanzenfett
Puderzucker

Zubereitung Die Hefe mit dem Teelöffel Zucker und der Milch anrühren und etwa 15 Minuten stehen lassen. Mehl in eine Schüssel geben, in die Mitte eine Vertiefung drücken und Zucker, Vanillezucker, Salz, Butter und zwei Eigelb hineingeben. Zuletzt die angesetzte Hefe dazugeben. Mit dem Handrührgerät gut verkneten, bis sich der Teig vom Schüsselrand löst. Den Hefeteig an einem warmen Ort 45 Minuten gehen lassen.
Den Teig nochmals gut durchkneten und auf einer bemehlten Fläche einen halben Zentimeter dick ausrollen. Mit einer Tasse von etwa 8 Zentimeter Durchmesser 24 Scheiben ausstechen. In die Mitte von 12 Teigscheiben jeweils einen Teelöffel Marmelade setzen und die Ränder mit Eiweiß bepinseln. Eine leere Teigscheibe daraufsetzen und den Rand festdrücken. Die zusammengedrückten Scheiben auf einer bemehlten Arbeitsfläche mit einem Tuch bedeckt nochmals 30 Minuten gehen lassen. Schwimmend in siedendem Fett von beiden Seiten goldbraun backen, herausnehmen und abtropfen lassen.
Nach dem Erkalten mit Puderzucker bestäuben.

Jina Chabi, Berlin

Berliner Bierkaltschale

Zutaten   *100 g Rosinen*
                 3 El Zucker
                 3 El geriebener Zwieback
                 3 El geriebener Pumpernickel
                 1 El Himbeersirup
                 1 l Weißbier
                 1 Zitrone
                 Zimt

Zubereitung   Rosinen gut waschen, mit wenig Wasser einweichen und quellen lassen.
                 Anschließend mit dem Zwieback und dem Pumpernickel überstreuen,
                 eine Messerspitze Zimt dazugeben und mit Weißbier übergießen. Den
                 Himbeersirup dazurühren und Scheiben von einer geschälten Zitrone
                 hineingeben.
                 Gut gekühlt servieren – es schmeckt köstlich!

Helga Spörl, Berlin

Verzeichnis der Rezepte

Edmund Labonté,

geboren 1957, begeisterter Hobbykoch, arbeitet für verschiedene große deutsche Verlage als Herausgeber und Autor. Er lebt in Köln.

Werner Köhler,

geboren 1956, ebenfalls begeisterter Hobbykoch, arbeitet als Geschäftsführer einer großen Buchhandlung in Köln und hatte gemeinsam mit Edmund Labonté die Idee zum Berliner Kochbuch.

Eva-Maria Salm,

geboren 1964, lebt und arbeitet als freischaffende Künstlerin in Bonn

Berliner Schlemmertips

200 Top-Adressen aus der beliebten *BZ*-Gastro-Serie
von Jörn Berlau
DM 9,90
ISBN 3-550-06942-1

Beruhend auf der größten Gastro-Kolumne der Hauptstadt, seit vier Jahren regelmäßig in der *BZ* veröffentlicht, entstand der verläßliche Führer durch den kulinarischen Dschungel Berlins: 200 gastronomische Betriebe, die sich ein vernünftiges Preis-Leistungsverhältnis, ausgefallenes oder pfiffiges Ambiente und freundlichen Service zum Ziel gesetzt haben. Nach Bezirken geordnet, findet hier jeder das Passende, von der Kneipe bis hin zum gehobenen Restaurant.